CONTENTS

INDEX TO GRAMMAR

INTRODUCTION

The following few pages dealing with pronunciation and allied matters need not be learnt by heart; it is sufficient to read them through and then begin the first lesson. By referring back to the rules on pronunciation frequently you will soon know them.

In studying the lessons, first read each rule carefully and learn the vocabulary given. Exercises 1 and 1a are each the translation of the other. Begin by translating the Swedish to English; then translate the English into Swedish several times (preferably in writing), comparing each sentence. After each lesson, learn a page of useful phrases.

PRONUNCIATION

There are a few sounds in Swedish which have no exact English counterparts, but if you read the Imitated Pronunciation carefully, pronouncing each syllable as if it formed part of an English word, your pronunciation should be good enough for all practical purposes. The following explanation of our system of imitation should be noted.

(′)   shows the stress. The syllable coming BEFORE this sign is more fully sounded than the rest of the word.

ă   represents the short sound of A, nearest to the English U in MUCH, **not** like A in CATCH.

er   (italic) indicates the dull sound of E, as in FATHER. The italic *r* must **not** be pronounced; it merely serves to give the preceding E the required sound.

EE   (pronounced with rounded lips) represents the Swedish sound of Y, similar to the French **u** in **lune**, or the German **ü** in **grün.**

U   means a sound nearest to the sound of English U in FLUTE. To be pronounced with rounded and closed lips.

öh   represents the sound of the English U in FUR.

THE SWEDISH ALPHABET;
with the names of the 28 letters.

It is important to remember that these are merely the NAMES of the letters. What concerns the student is the SOUNDS given to the letters when they occur as part of a Swedish word.

A	B	C	D	E	F	G	H	I	J
ah	beh	seh	deh	eh	eff	geh	haw	ee	yee

K	L	M	N	O	P	Q	R	S	T
kaw	el	em	en	oo	peh	ku*	err	ess	teh

U	V	X	Y	Z	Å	Ä‡	Ö‡
u*	veh	ex	EE†	sai′-täh	aw	ai	=u in FUR

* u (see page 8, **u** long).

† EE = French **u** as in **lune**, or German **ü** as in **grün**.

‡ In *written* Swedish, ã and õ are used instead of ä and ö.

W is not included in the Swedish alphabet; when it occurs in names it is pronounced like **v** (veh); **q** and **z** occur only in foreign words.

RULES for DIVISION of WORDS into SYLLABLES.

1.—A consonant between two vowels goes with the syllable following, as

      ba-ra, only   **ku-la**, ball

2.—If there are two or more consonants in the middle of a word, divide as easiest pronounced, as:

      kap-pa, cloak   **hand-ske**, glove

RULES OF PRONUNCIATION.

PRONUNCIATION OF THE VOWELS.

There are nine vowels in Swedish, namely:

	a	e	i	o	u	y	å	ä	ö
pron.	ah	eh	ee	oo	u	EE	aw	ai	öh

These vowels may be long or short.

The general rule is:

1.—A vowel is **long** (has the full sound) when it comes at the **end** of a syllable, or is followed by only **one** consonant in the same syllable.

2.—Final vowels in words of more than one syllable generally have a slightly shorter sound.

3.—A vowel is **short** (imperfect in sound) when followed by more than one consonant in the same syllable.

(The imitated pronunciation is given under each word in small type.)

a long, sounds like English A in FAR, and is rendered in the imitated pronunciation by ah, as in:

mat, food	hat, hate	vana, habit	skada, damage
maht	haht	vah'-năh	skah'-dăh

a followed by R is usually long, as in:

har, has	far, father	snart, soon	klart, clear
hahr	fahr	snahrt	klahrt

a short, has the sound of U in MUCH, not of A in CATCH, and is represented in the imitated pronunciation by ă, as in:

matt, weak	hatt, hat	kallt, cold	hans, his
măht	hăht	kăhlt	hăhns

e long, sounds nearest to French E in ALLER or German E in MEHR, and is represented in the imitated pronunciation by eh, as in:

del, part	hel, whole	hed, heath	le, smile
dehl	hehl	hehd	leh

e short, sounds like English E in BET, as in:

eller, or	efter, after	mellan, between	detta, this
el'-ler	ef'-ter	mel'-lăhn	det'-tăh

e final, in words of more than one syllable, has the dull sound of E as in FATHER, and is given in the imitated pronunciation as *er* (*italic*).

The italic *r* must not be pronounced, it merely serves to give the **e** preceding it the desired sound, as in:

ande, ghost	drake, dragon	henne, her
ăhn'-d*er*	drah'-k*er*	hen'-n*er*

i long, sounds like English E in ME or EE in DEED, as in:

ni, you	pipa, pipe	liten, little	vid, at
nee	pee'-păh	lee'-ten	veed

i is short like I in IN when followed by N or by a double consonant, as in:

inte, not	infall, invasion	illa, bad	timme, hour
in'-t*er*	in'-făhl	il'-lăh	tim'-m*er*

o and **å** long, sound like English AW in LAW, and are represented in the imitated pronunciation by aw, as in:

kol, coal	kål, cabbage	konung, king	åker, field
kawl	kawl	kaw'-nung	aw'-ker

o sometimes sounds like oo in FOOD, especially before R, and is then represented in the imitated pronunciation by oo, as in:

ord, word	bord, table	bror, brother	fot, foot
oord	boord	broor	foot

o and å short, sound like English o in LOCK, as in:

dolk, dagger	stock, stick	rock, coat	åtta, eight
dolk	stock	rock	ot'-täh

u long, sounds nearest to English U in FLUTE, but the lips should be rounded and closed at the end of the sound. In the imitated pronunciation, the sound is represented by U, as in:

hus, house	krut, gunpowder	ful, ugly	ut, out
hUs	krUt	fUl	Ut

u short, sounds nearest to U in PUSH, and is represented in the imitated pronunciation by u:

mun, mouth	rum, room	kund, customer
mun	rum	kund

y sounds nearest to French U in LUNE, and is represented in the imitated pronunciation by EE, pronounced with rounded lips, as in:

ny, new	by, village	lyte, defect
nEE	bEE	lEE'-ter
It is short in	hydda, hut	mynt, coin
	hEE'-däh	mEE'-nt

ä long, sounds like AI in FAIR, as in:

läder, leather	glädje, joy	näsa, nose
lai'-der	glaid'-yer	nai'-säh

ä short, sounds like English E in MEN, as in:

mängd, crowd	äpple, apple	märke, mark
mengd	ep'-ler	mer'-ker

ö sounds nearest to English U in FUR or to French EU in FEU.

In the imitated pronunciation this sound is represented by öh, as in:

öga, eye	öra, ear	smör, butter	lördag, Saturday
öh'-gäh	öh'-räh	smöhr	löhr'-dahg

There are no Diphthongs in the Swedish language. Students should take special care to pronounce Swedish e, o and å as single vowel sounds.

PRONUNCIATION OF THE CONSONANTS.

---

b, c, d are pronounced as in English, except that D before J
(pron. like English Y) is not sounded, as in:

djärv, bold	djup, deep	djur, animal
yairv	yup	yur

f   as in English.

färdig, ready	flicka, girl	afton, evening
fair'-dig	flic'-kăh	ăhf'-ton

g   is generally pronounced like English G in GOOD and DOG,
as in:

dag, day	gaffel, fork	mogen, ripe	seger, victory
dahg	găhf'-fel	moo'-guen	seh'-ger

g   is pronounced soft like English Y in YEAR, before Y, ä, ö,
as in:

gyckel, joke	gärna, gladly	gök, cuckoo
yEE'-kel	yair'-năh	yöhk

also, in the BEGINNING of a word, before E and I, as in:

genom, through	gift, poison	genast, instantly
yeh'-nom	yift	yeh'-năhst

also final, after L and R.
It is here represented by *hg* (*italic*), as in:

berg, mountain	sorg, sorrow	helg, festival
ber*hg*	sor*hg*	hel*hg*

gj   is pronounced like Y; see under **j**.

h   is pronounced as in English, except that H is silent
before J (pronounced Y), as in:

hjälp, help	hjul, wheel
yelp	yul

j and **gj** are pronounced like English Y in YEAR, as in:

jord, earth	järn, iron	juli, July	gjort, made
yoord	yairn	yu'-lee	yoort

k is generally pronounced like English K, as in:

kappa, cloak   **bok**, book   **vakt**, guard   **tak**, roof
kăhp'-păh   book   văhkt   tahk

k before N is always pronounced, as in:

kniv (kneev), knife   **knä** (knai), knee

k is pronounced like CH in CHAIN before E, I, Y, ä, ö, as in:

kedja, chain   **kista**, chest   **kyrka**, church   **kär**, dear
chehd'-yăh   chis'-tăh   chEEr'-kăh   chair
                     köpa, to buy
                     chöh'-păh

sk, skj, etc., see under **s**.

l is pronounced like English L in LIGHT, never as in FULL.
It is silent before J, as in:

ljus (yUs), light   **ljud** (yUd), sound
also, by exception, before d in: **värld** (verd), world.

m, n, p, q, r the same as in English. r should, however, be
rolled, as it is pronounced by the Scots.

ng the same as final English NG, as in: **lång** (long), long.

s is pronounced like English S in SEA and GLASS (NEVER
like s in ROSE), as in:

sol, sun   **ström**, river   **ris**, rice   **resa**, journey
sool   ströhm   rees   reh'-săh

sj, skj, stj are all pronounced like SH in SHALL, as in:

sjö, sea   **skjorta**, shirt   **stjäla**, to steal
shöh   shoor'-tăh   shai'-läh

sk is generally pronounced SK, as in:

skall, shall   **sko**, shoe   **skuld**, debt   **skriva**, to write
skăhl   skoo   skuld   skree'-văh

sk sounds like SH before E, I, Y, ä, ö, as in:

sked, spoon   **skinka**, ham   **sky**, cloud   **skälla**, bark
shehd   shin'-kăh   shEE   shel'-läh
                   skön, beautiful
                   shöhn

by exception **sk** also sounds like SH in:

marskalk, marshal   **människa**, men, people
mahr'-shăhlk   men'-nee-shăh

t, v and **x** the same as in English.

FIRST LESSON.

The imitated pronunciation is given under or by the side of the words.

I **jag**	YOU **du***	HE **han**	SHE **hon**	IT **det, den**
yahg	dʊ	hăhn	hoon	det, den

WE **vi**	YOU (sing.) **ni**	YOU (plur.) **ni**	THEY **de**
vee	nee	nee	deh

REMARKS ON THE USE OF THE SECOND PERSON

* **du** (dʊ) is the *familiar* form of address to one person, used between relatives and friends, and in speaking to children.

ni (nee) is the ordinary polite form of address for singular and plural. In correspondence, **Du** and **Ni** are written with initial capitals.

I AM	**jag är** (air)	WE ARE	**vi är†** (air)
YOU (sing.) ARE	{ **du är** ,, { **ni är** ,,	YOU ARE (plural)	**ni är** ,,
HE IS SHE is IT IS	**han är** ,, **hon är** ,, **det, den är** ,,	THEY ARE	**de är** ,,

SPECIAL NOTE.

† Students should note that the old verb plural forms **vi äro, ni äro, de äro**, etc., are still used in formal written Swedish.

In the imitated pronunciation, the italic *er* indicates the sound of E as in HER or FATHER. The small *r* is NOT to be pronounced, it merely serves to indicate the dull sound of the E preceding it.

The stressed syllable, i.e. the part of the word more fully sounded than the rest, is indicated in the imitated pronunciation by ' after it.

here	**här**	where?	**var?**	yes	**ja** and **jo**§
	hair		vahr		yah yoo
there	**där**	not	**inte‡**	no	**nej**
	dair		in'-ter		ney

‡ In written Swedish, **icke** (ic'-ker) and **ej** (ey) are often preferred to **inte**.

§ **jo** (yoo) is used instead of **ja** (yah) after a negative question or statement.

1.

Translate each sentence and compare with the corresponding English below.

1. jag är här; 2. är ni där? 3. ja, det* är jag; 4. hon är inte här; 5. var är ni? 6. vi är här; 7. är han inte här? 8. var är det? 9. det är här; 10. är de inte där? 11. jo, det är de; 12. nej, det är de inte.

1a.

1. I am here; 2. are you (sing.) there? 3. yes, I am here (literally, yes, that* am I); 4. she is not here; 5. where are you (pl.)? 6. we are here; 7. is he not here? 8. where is it? 9. it is here; 10. are they not there? 11. yes, they are there (lit., yes, that are they); 12. no, they are not (lit., no, that are they not).

   * **det** stands for THAT as well as for IT.

at home	**hemma**	early	**tidigt**	and	**och**
	hem'-măh		tee'-digt		ock
out	**ute**	hungry	**hungrig**	also	**också**
	u'-ter		hung'-rig		ock'-saw
late	**sent**	thirsty	**törstig**	who?	**vem?**
	sehnt		töhrs'-tig		vem

2.

1. han är inte hemma; 2. är hon hemma? 3. är de inte hemma? 4. jo, det är de; 5. nej, de är ute; 6. vem är hemma? 7. det är tidigt; 8. det är inte sent; 9. jag är hungrig; 10. han är hungrig och törstig.

2a.

1. he is not at home; 2. is she at home? 3. are they not at home? 4. yes, they are (at home); 5. no, they are out; 6. who is at home? 7. it is early; 8. it is not late; 9. I am hungry; 10. he is hungry and thirsty.

A or AN is rendered by **en** (en) before Nouns of COMMON Gender
A or AN   „   **ett** (et) „   „   NEUTER   „
In the Vocabularies, the Neuter Nouns are marked with (n.) after them.
All Nouns not so marked are of the Common Gender.

address **adress**	chair **stol**	door **dörr**
ăh-dress'	stool	döhr
book **bok**	table **bord** (n.)	house **hus** (n.)
book	boord	hus
name **namn** (n.)	room **rum** (n.)	street **gata**
năhmn	rum	gah'-tăh

3.

1. ett namn ; 2. en adress ; 3. en gata; 4. ett
hus ; 5. ett rum ; 6. en stol ; 7. en dörr ; 8. ett
bord ; 9. en bok.

3a.

1. a name; 2. an address; 3. a street; 4. a house; 5.
a room; 6. a chair; 7. a door; 8. a table; 9. a book.

---

good day **god dag**	good morning **god morgon**
goo dah'	goo mor'-ron
good night **god natt**	good evening **god afton**
goo năht'	goo ăhf'-ton
good-bye **adjö**	ăh-yöh'

CONVERSATIONAL SENTENCES.

I am Mr. Smith.
Are you Miss Lind?
Are you not Mrs. Berg?
Yes, I am.

1. Jag är herr Smitt.
2. Är ni fröken Lind?
3. Är ni inte fru Berg?
4. Jo, det är jag.

Imitated Pronunciation.—1. yahg air herr smit. 2. air nee
fröh'-ken leend? 3. air nee in'-ter fru berg? 4. yoo, det air yahg.

Is Dr. Nilsson at home?

5. Är doktor Nilsson hemma?

Is Mrs. Nilsson also at home?

6. Är fru Nilsson också hemma?

Yes, she is.
Miss Berg is out.
Good evening, Mr. Lind.
Good-bye, Mrs. Smith

7. Ja, det är hon.
8. Fröken Berg är ute.
9. God afton, herr Lind.
10. Adjö, fru Smitt.

5. air dok'-tor Nil'-son hem'-măh?   6. air fru Nil'-son ock'-saw
hem'-măh?   7. yah, deht air hoon.   8. fröh'-ken berg air u'-ter.
9. goo ăhf'-ton, herr leend.   10. ăh-yöh', fru smit.

SECOND LESSON.

In Swedish, the Definite Article (THE) for the Singular is:
en for the COMMON Gender;   **et** for the NEUTER Gender.
This Article is added AFTER the Noun, and forms one word with it, as:

the chair   stol-**en** (stoo'-len)   the table   bord-**et** (boor'-det)

To Nouns ending in A or E add N or T only, as:

the street   gata-**n** (gah'-tăhn)   the prison   fängelse-**t**
(feng'-el-sett)

(To make it more clear to students, the endings **en** or **n** and **et** or **t** are, in the early exercises, separated from the Noun by a hyphen, but this, of course, is not done in practice.)

4.

1. namn-et, adress-en ;   2. stol-en, bord-et ;   3 rum-met,* ett rum ;   4. gata-n, en gata ;   5. bok-en, ett namn ;   6. hus-et, ett hus ;   7. fängelse-t, ett fängelse ;   8. dörr-en och rum-met.

4a.

1. the name, the address;   2. the chair, the table; 3. the room, a room;   4. the street, a street;   5. the book, a name;   6. the house, a house;   7. the prison, a prison;   8. the door and the room.

* After a short vowel double the consonant before adding **en** or **et.**

letter **brev** (n.)	beautiful ⎱ **vacker**	long	**lång**
brehv	fine ⎰ văhk'-ker	long	
man **man**	large **stor**	short	**kort**
măhn	stoor	kort	
	picture **tavla** (tahv'-lăh)		

IT IS ⎰ **den är** replacing a Common Noun
        ⎱ **det är**   „   Neuter   „

BUT   **men** (men)   IN   **i** (ee)

5.

1. var är stol-en ? den är här ;   2. var är bor-det ? det är där ;   3. hus-et är vackert,* men det är inte stort* ;   4. är gata-n lång ? nej, den är kort ;

* If the Noun is Neuter, the Adjective takes **t**, unless it already ends in **t**, as : **kort**, short.

5. brev-et är inte långt; 6. adress-en är lång;
7. man-nen är inte i rum-met; var är han?
8. tavlan är vacker, men den är inte stor.

5a.

1. where is the chair? it is here; 2. where is the table?
it is there; 3. the house is beautiful, but it is not large;
4. is the street long? no, it is short; 5. the letter is not
long; 6. the address is long; 7. the man is not in the
room; where is he? 8. the picture is beautiful, but it is not
large.

father **far*** fahr	uncle { (paternal) **farbror** (maternal) **morbror** fähr'-broor, moor'-broor	sister **syster** sᴇᴇs'-ter
mother **mor*** moor	aunt { (paternal) **faster** (maternal) **moster** fähs'-ter, moos'-ter	son **son** sawn
brother **bror*** broor		daughter **dotter** dot'-ter

friend **vän (ven)**

brothers and sisters **syskon** (sᴇᴇs'-kon)

* Abbreviations in common use for **fader, moder, broder.**

I HAVE	**jag har** (hahr)	WE HAVE	**vi har†** (hahr)
YOU (sing.) }	**du* har** „	YOU (plur.) HAVE	**ni har** „
HAVE	**ni har** „	THEY HAVE	**de har** „
HE HAS	**han har** „		
SHE, IT HAS	**hon, det har**		

* See page 11, du.

† Old plural forms: **hava.** For the use of plural verb forms,
see special note on page 11.

6.

1. jag har, ni har inte; 2. har hon? vi har;
3. har de inte? han har inte; 4. ni har, jag
har inte; 5. har ni brev-et? nej, han har det;
6. har de bok-en? den är inte här; 7. har hon
en farbror? 8. nej, hon har en faster; 9. han har
en vän och en bror; 10. de är syskon.

6a.

1. I have, you have not; 2. has she? we have; 3. have
they not? he has not; 4. you (pl.) have, I have not; 5.

have you the letter? no, he has it;   6. have they the book?
it is not here ;   7. has she an uncle [on her father's side] ?
8. no, she has an aunt;   9. he has a friend and a brother;
10. they are brothers and sisters.

answered **svarat**	found	**funnit**	seen	**sett**
svah'-răht		fun'-nit		set
bought **köpt**	read	**läst**	written	**skrivit**
chöhpt		laist		skree'-vit

7.

1. har ni skrivit ?   2. jag har köpt ;   3. de har
inte sett ;   4. vi har svarat ;   5. har ni läst ?   6. hon
har funnit ;   7. de har inte köpt ;   8. har hon
sett ?   9. vi har köpt ett hus ;   10. har han skri-
vit brev-et ?   11. jag har inte funnit adress-en ;
12. hon har läst bok-en.

7a.

1. have you written?   2. I have bought;   3. they have
not seen;   4. we have answered;   5. have you read?   6.
she has found;   7. they have not bought;   8. has she seen?
9. we have bought a house;   10. has he written the letter?
11. I have not found the address.   12. she has read the book.

CONVERSATIONAL SENTENCES.

How are you?*	1. Hur står det till?
Thanks, very well.	2. Tack, bra.
Be so good (= please).	3. Var så god.
You are welcome.	4. Välkommen.

Imitated Pronunciation.—1. hur stawr det til?   2. tăhk, brah.
3. vahr saw good.   4. vail'-kom-men.

I am (lit. come) late.	5. Jag kommer sent.
Am I too late?	6. Kommer jag för sent?
He is ready.	7. Han är färdig.
You are too early.	8. Ni kommer för tidigt.

5. yahg kom'-mer sehnt;   6. kom'-mer yahg föhr sehnt?   7. hăhn
air fair'-dig.   8. nee kom'-mer föhr tee'-digt.

* Literally, how stands it?

THIRD LESSON.

MY   ⎱ **min**
MINE ⎰ **mitt** (n.)*   HIS **hans**   HER ⎱ **hennes**   ITS **dess**
     min   mit   hähns   HERS ⎰ hen'-nes   des

THY, THINE **din** (din), **ditt** n. (dit).

OUR   ⎱ **vår**   YOUR ⎱ **er**†
OURS ⎰ **vårt** (n.)   YOURS ⎰ **ert** (n.)   THEIR ⎱ **deras**
   vawr   vawrt   ehr   ehrt   THEIRS ⎰ deh'-rähs

* The neuter pronoun is marked (n.). Unless two forms are given, there is only one form for the two genders.

† In correspondence, **Eder** (eh'-der) and **Edert** (eh'-dert) are used instead of **er** and **ert,** and are written with initial capitals, as above.

Din and **Ditt** should also have initial capitals in correspondence.

8.

1. min bok, vårt brev; 2. hans vän, er (or din) bror; 3. mitt rum och deras rum; 4. vår moster, hennes morbror; 5. bok-en är min; 6. hus-et är också mitt; 7. rum-met är inte vårt, det är deras; 8. är brev-et hennes? 9. nej, det är ert (or ditt); 10. stol-en är inte min, den är hans.

8a.

1. my book, our letter; 2. his friend, your brother; 3. my room and their room; 4. our aunt, her uncle; 5. the book is mine; 6. the house is also mine; 7. the room is not ours, it is theirs; 8. is the letter hers? 9. no, it is yours; 10. the chair is not mine, it is his.

In the POSSESSIVE CASE, the Noun takes **s** the same as in English, but without the apostrophe, as:

the man's newspaper   **mannen-s tidning** (mähn-nens teed'-ning)
his friend's book   **hans vän-s bok** (hähns vens book)

(In the early exercises, the **s** of the Possessive is hyphened to the word, to make it more clear, but this is not done in practice.)

bag	**väska**	match	**tändsticka**	colour	**färg**
	ves'-käh		tend'-stic-käh		fair*hg*
knife	**kniv**	pipe	**pipa**	flower	**blomma**
	kneev		pee'-päh		bloom'-mäh

WHICH ?	vilken ?	vilket ? (n.)	WHOSE ?	vems ?
	vil'-ken?	vil'-ket?		vems?

9.

1. min vän-s namn ;   2. hans farbror-s hus ;   3. er far-s adress ;   4. vilket hus är hennes ?   5. vilken är hans pipa ?   6. här är en tändsticka ;   7. kniv-en är min ;   8. brev-et är inte ert ;   9. vilken är er väska ?   10. hennes väska är inte här ;   11. vems bok har ni där ?   12. blomman-s färg är vacker.

9a.

1. my friend's name;   2. his uncle's house;   3. your father's address;   4. which house is hers?   5. which is his pipe?   6. here is a match;   7. the knife is mine;   8. the letter is not yours;   9. which is your bag?   10. her bag is not here;   11. whose book have you there?   12. the colour of the flower is beautiful.

AFTER	efter	IN	i	UNDER	under
	ef'-ter		ee		un'-der
FOR	för	ON	på	WITH	med
	föhr		paw		mehd
FROM	från	TO	till	WITHOUT	utan
	frawn		til		u'-tăhn

WHAT?	vad?	WHO? WHOM?	vem?
	vahd?		vem?

10.

1. på bord-et ;   2. under stol-en ;   3. i vårt hus ;   4. till fastern ;   5. med hans kniv ;   6. utan er vän ;   7. efter man-nen ;   8. från vem ?   9. vad har du där ?   10. ett brev från min syster ;   11. brev-et är för hennes far ;   12. vem är han ? det är min bror-s vän.

10a.

1. on the table;   2. under the chair;   3. in our house;
4. to the aunt;   5. with his knife;   6. without your friend;
7. after the man;   8. from whom?   9. what have you
there?   10. a letter from my sister;   11. the letter is for
her father?   12. who is he? it is my brother's friend.

THIS { **den här** (den hair)   THAT { **den där** (den dair)
     { **det här** n. (det hair)   { **det där** n. (det dair)

Nouns preceded by **den här, det här**, etc., have the Definite Article
en or **et** (THE) after them, as:

  this chair   **den här stol-en** (literally, this here the chair)
  that table   **det där bord-et** („   that there the table)

11.

1. det här hus-et, den där gata-n ;   2. den här
väska-n, den där kniv-en ;   3. det där rum-met,
det här bord-et ;   4. den här adress-en, det där
namn-et ;   5. med det där brev-et, på den här
stol-en ;   6. från den här gata-n, till det där hus-et ;
7. vems är den här kniv-en ? den är min.

11a.

1. this house, that street;   2. this bag, that knife;   3.
that room, this table;   4. this address, that name;   5.
with that letter, on this chair;   6. from this street, to that
house;   7. whose is this knife? it is mine.

THE DAYS OF THE WEEK.

Sunday	söndag	Wednesday	onsdag
	söhn'-dahg		oons'-dahg
Monday	måndag	Thursday	torsdag
	mon'-dahg		toors'-dahg
Tuesday	tisdag	Friday	fredag
	tees'-dahg		freh'-dahg
	Saturday	lördag	(löhr'-dahg)

NOTE.—In Swedish, the days of the week have no initial capitals.

FOURTH LESSON.

THE PLURAL OF NOUNS.

In Swedish, there are several ways of forming the PLURAL OF NOUNS. Only the most important rules are given here, but these are sufficient for all practical purposes. Exceptions must be learned as they occur.

1.—Most Nouns ending in **a** (all such Nouns being of Common Gender), form the Plural by changing **a** into **or** (oor).

EXAMPLES:

street, **gata** (gah′-tăh)	streets, **gat-or** (gah′-toor)
journey, **resa** (reh′-săh)	journeys, **res-or** (reh′-soor)
girl, **flicka** (flic′-kăh)	girls, **flick-or** (flic′-koor)
woman, **kvinna** (kvin′-năh)	women, **kvinn-or** (kvin′-noor)
bag, **väska** (ves′-kăh)	bags, **väsk-or** (ves′-koor)

(In the early lessons the plural endings are hyphened to the Nouns.)

2.—Nouns of Common Gender ending in toneless **e, el, en, er, on,** form the Plural in **ar** (ăhr). Such Nouns drop the **e** or **o** of final syllable before adding **ar**. Ex.

boy, **gosse** (goss′-ser)	boys, **goss-ar** (goss′-săhr)
neighbour, **granne** (grăhn′-ner)	neighbours, **grann-ar** (grăhn′-năhr)
key, **nyckel** (NEE′-kel)	keys, **nyckl-ar** (NEEK′-lăhr)
miss, lady, **fröken** (fröh′-ken)	ladies, **frökn-ar** (fröhk′-năhr)
sister, **syster** (SEES′-ter)	sisters, **systr-ar** (SEES′-trăhr)
morning, **morgon** (mor′-gon)	mornings, **morgn-ar** (morg′-năhr)
evening, **afton** (ăhf′-ton)	evenings, **aftn-ar** (ahft′-năhr)

3.—Some monosyllables of Common Gender also take **ar.** Examples:

boat, **båt** (bawt)	boats, **båt-ar** (baw′-tăhr)
bridge, **bro** (broo)	bridges, **bro-ar** (broo′-ăhr)
day, **dag** (dahg)	days, **dag-ar** (dahg′-ăhr)
chair, **stol** (stool)	chairs, **stol-ar** (stool′-ăhr)
carriage, **vagn** (văhngn)	carriages, **vagn-ar** (văhngn-ăhr)

---

one, **en, ett** (n.); two, **två**; three, **tre**; four, **fyra**; five, **fem**; six, **sex**
en et   tvaw   treh   FEE′-răh   fem   seks

many **många** (mong′-ăh)   not any, none **inga** (ing′-ăh)

12.

1. en gosse, två goss-ar ; 2. en flicka, tre flick-or ; 3. en resa, många res-or ; 4. min syster, hennes systr-ar ; 5. en morgon, många morgn-ar ; 6. fyra aftn-ar, sex dag-ar ; 7. hans vagn-ar, deras båt-ar; 8. en bro, inga bro-ar; 9. en nyckel, fem nyckl-ar ; 10. vår gata, deras gat-or.

12a.

1. one boy, two boys; 2. a girl, three girls; 3. one journey, many journeys; 4. my sister, her sisters; 5. one morning, many mornings; 6. four evenings, six days; 7. his carriages, their boats; 8. a bridge, not any bridges; 9. a key, five keys; 10. our street, their streets.

The Definite Article (THE) used with Plural Nouns is **na** (năh), which is added after the plural form of the word.

streets, **gator**	the streets, **gator-na**
journeys, **resor**	the journeys, **resor-na**
boys, **gossar**	the boys, **gossar-na**
boats, **båtar**	the boats, **båtar-na**

13.

1. en flicka, flicka-n, flick-or, flick-or-na ; 2. en morgon, morgon-en, morgn-ar, morgn-ar-na ; 3. en stol, stol-en, stol-ar, stol-ar-na ; 4. en bro, bro-n, bro-ar, bro-ar-na ; 5. en nyckel, nyck-eln, nyckl-ar, nyckl-ar-na; 6. en dag, dag-en, dag-ar, dag-ar-na ; 7. en väska, väska-n, väsk-or, väsk-or-na ; 8. en granne, granne-n, grann-ar, grann-ar-na.

13a.

1. a girl, the girl, girls, the girls; 2. one morning, the morning, mornings, the mornings; 3. a chair, the chair, chairs, the chairs; 4. a bridge, the bridge, bridges, the bridges; 5. a key, the key, keys, the keys; 6. a day, the day, days, the days; 7. a bag, the bag, bags, the bags; 8. a neighbour, the neighbour, neighbours, the neighbours.

THESE	de här	THERE IS	
THOSE	de där	THERE ARE	det är

Nouns preceded by **de här, de där,** have the Plural Article **na** (THE) after them, as:

these chairs   **de här stolar-na** (lit. these here the chairs)
those streets   **de där gator-na** (lit. those there the streets)

14.

1. Är goss-ar-na och flick-or-na hemma? Ja, det är de. 2. Frökn-ar-na är inte här i dag. 3. Det är många vagn-ar på gat-or-na. 4. Har ni nyckl-ar-na? Ja, det har jag. 5. Var är båt-ar-na? De är under bro-ar-na. 6. Tändstick-or-na är inte på bord-et. 7. De här nyckl-ar-na är inte hans. 8. De där blomm-or-na är hennes.

14a.

1. Are the boys and the girls at home? Yes, they are. 2. The ladies are not here to-day (lit., in day). 3. There are many carriages in (lit., on) the streets. 4. Have you the keys? Yes, I have (them). 5. Where are the boats? They are under the bridges. 6. The matches are not on the table. 7. These keys are not his. 8. Those flowers are hers.

CONVERSATIONAL SENTENCES.

Do you sell matches?	1. Säljer ni tändstickor?
This cigar is too dear.	2. Den här cigarren är för dyr.
Those are too cheap.	3. De där är för billiga.
Do you smoke?	4. Röker ni?
I am fond of smoking.	5. Jag tycker om att röka.
Here is the smoking-room.	6. Här är rökrummet.
Where is his umbrella?	7. Var är hans paraply?
Her purse is in the bag.	8. Hennes portmonnä är i väskan.

Imitated Pronunciation.—1. sel'-yer nee tend'-stik-koor? 2. den hair sig-ăhr'-en air föhr dEEr. 3. deh dair air föhr bil'-lig-ah. 4. röh-ker nee? 5. yahg tEE'-ker om ăht röh'-kăh. 6. hair air röhk'-rum-met. 7. vahr air hăhns păh-răh-plEE'? 8. hen'-nes port-mon-nai' air ee ves'-kăhn.

USEFUL PHRASES,

with the exact pronunciation of every word imitated,
and full explanatory notes.

(Students should learn a page of these phrases after each lesson.)

Yes.—No.	1	Ja.—Nej.
Good day.—Good morning.	2	God dag.—God morgon.
Good evening.—Good night.	3	God afton.—God natt.
Excuse me.—Never mind.	4	Ursäkta.—Ingen orsak.
Do you speak English?	5	Talar ni engelska?
Yes, a little.	6	Ja, litet.
Yes, but not well.	7	Ja, men inte bra.
Do you understand me?	8	Förstår ni mig?
Do you understand what I say?	9	Förstår ni vad jag säger?
You speak very fast.	10	Ni talar mycket fort.
I cannot speak Swedish.	11	Jag kan inte tala svenska.

Imitated Pronunciation of the above Phrases.

1. yah.—ney
2. goo dah'.—goo mor'-ron
3. goo ăhf'-ton.—goo năht'
4. ur'-saik-tăh.—ing'-en oor'-sähk
5. tah'-lähr nee eng'-els-kăh?
6. yah, lee'-tet
7. yah, men in'-ter brah

8. föhr-stawr' nee meeg?
9. föhr-stawr' nee vahd yahg sai'-guer?
10. nee tah'-lähr mee'-ket foort
11. yahg kăhn in'-ter tah'-läh sven'skäh

Explanatory Notes to the above Phrases.

1. **Sir, madam, miss** are not used in Swedish.
4. literally: excuse, pardon.—no cause.   6. literally: yes, little.
8. literally: understand you me?

FIFTH LESSON.

THE PLURAL OF NOUNS (continued).

4.—Many Nouns of Common Gender, ending in a CON-
SONANT, take **er** in the Plural.   Examples:

friend, **vän** (ven)	friends, **vänn-er*** (ven'-ner)
address, **adress** (ăh-dress')	addresses, **adress-er** (ăh-dres'-ser)
cigar, **cigarr** (sig-ăhr')	cigars, **cigarr-er** (sig-ăhr'-rer)
ticket, **biljett** (bil-yet')	tickets, **biljett-er** (bil-yet'-ter)
place, **plats** (plăhts)	places, **plats-er** (plăhts'-er)
month, **månad** (maw'-năhd)	months, **månad-er** (maw'-năh-der)
lady, **dam** (dahm)	ladies, **damer** (dahm'-er)

* After a short vowel, double final consonant before adding the
terminations, unless the ordinary form of the word already ends in a
double consonant like **adress, biljett,** etc.

WHICH? (plural) **vilka?**   ONLY **bara**
                 vil'-kăh   bah'-răh

WHICH   **som** (som) for Singular and Plural, referring to a Noun or
Pronoun previously mentioned.

The Pronouns **min, din, er** or **eder** and **vår** take **a** in the Plural,
thus: **mina,**   **dina,**   **era** or **edra,**   **våra**
           mee'-năh   dee'-năh   eh'-răh eh'-dräh   vaw'-răh

15.

1. min biljett, era biljett-er ;   2. vilken plats ?
våra plats-er ;   3. en månad, tre månad-er ;   4. din
cigarr, dina cigarr-er ;   5. vilka adress-er ?   de här
adress-er-na ;   6. en vän, deras vänn-er ;   7. biljett-
er-na för resa-n ;   8. det är inga stol-ar här.

15a.

1. my ticket, your (plur.) tickets;   2. which place?   our
places;   3. one month, three months;   4. your cigar,
your (plur.) cigars;   5. which addresses? these addresses;
6. a friend, their friends;   7. the tickets for the journey;
8. there are no chairs here.

5.—Common Nouns ending in **o, u, å** take only **r** in the Plural, as:

shoe, **sko**	shoes, **sko-r**	the shoes, **skor-na**
skoo	skoor	skoor'-näh
toe, **tå**	toes, **tå-r**	the toes, **tår-na**
taw	tawr	tawr'-näh
wife, **hustru**	wives, **hustru-r**	the wives, **hustrur-na**
hus'-tru	hus'-trur	hus'-trur-näh

6.—Neuter Nouns of one syllable and ending in a CONSONANT remain unchanged in the Plural. For such Nouns the Plural Article is **en** (en). Examples:

the table, **bord-et** (boor'-det)	the tables, **bord-en** (boor'-den)
the house, **hus-et** (hus'-et)	the houses, **hus-en** (hus'-en)
the letter, **brev-et** (brehv'-et)	the letters, **brev-en** (brehv'-en)
the child, **barn-et** (bahrn'-et)	the children, **barn-en** (bahrn'-en)
the name, **namn-et** (nähmn'-et)	the names, **namn-en** (nähmn'-en)
the year, **år-et** (awr'-et)	the years, **år-en** (awr'-en)

7.—Neuter Nouns ending in a VOWEL generally take **n** in the Plural. Such are:

stamp, **frimärke**	stamps, **frimärke-n**
free'-mer-ker	free'-mer-ken
kingdom, **rike** (ree'-ker)	kingdoms, **rike-n** (ree'-ken)
nest, **bo** (boo)	nests, **bo-n** (boon)

If the Plural ending is **n**, add **a** only for Plural Article:

stamps, **frimärke-n**	the stamps, **frimärken-a**
kingdoms, **rike-n**	the kingdoms, **riken-a**
nests, **bo-n**	the nests, **bon-a**

16.

1. ett frimärke, frimärke-t, frimärke-n-a ; 2. ett år, fyra år, många år ; 3. en sko, två sko-r, sko-r-na ; 4. er hustru, hustru-r-na ; 5. i deras bo-n, med adress-er-na, utan biljett-er-na ; 6. edra vänn-er-s hus, min vän-s hus ; 7. hans bror-s barn ; 8. månad-er-na-s namn.

16a.

1. a stamp, the stamp, the stamps; 2. a year, four years, many years; 3. a shoe, two shoes, the shoes; 4.

your wife, the wives; 5. in their nests, with the addresses, without the tickets; 6. your friends' houses (= the houses of your friends), my friend's house; 7. his brother's children; 8. the names of the months.

17.

1. Var är pip-or-na och tändstick-or-na som ni har köpt ? 2. Vilka hus har ni sett ? 3. Är de där damerna inte era systr-ar ? Jo, det är de. 4. Har ni svarat på brev-en ? Nej, det har jag inte. 5. Har de många barn ? Nej, de har bara ett barn. 6. Det där är bok-en som jag har funnit.

17a.

1. Where are the pipes and the matches which you have bought? 2. Which houses have you (plur.) seen? 3. Are not those ladies your sisters? Yes, they are. 4. Have you answered the letters (lit., on the letters)? No, I have not. 5. Have they many children? No, they have only one child. 6. That is the book which I have found.

8.—A few Nouns change the vowel in the Plural and take various plural endings. Examples:

father, **far** or **fader**	fathers, **fäder** (fai′-der)
mother, **mor** or **moder**	mothers, **mödr-ar** (möh′-drähr)
brother, **bror** or **broder**	brothers, **bröder** (bröh′-der)
daughter, **dotter** (dot′-ter)	daughters, **döttr-ar** (döht′-rähr)
son, **son** (sohn)	sons, **sön-er** (söh′-ner)
man, **man** (măhn)	men, **män** (men)
book, **bok** (book)	books, **böck-er** (böhk′-ker)
hand, **hand** (hăhnd)	hands, **händ-er** (hen′-der)
night, **natt** (năht)	nights, **nätt-er** (net′-ter)

18.

1. hand-en, händ-er-na, era två händ-er ; 2. en natt, nätt-er-na, många nätt-er ; 3. bröder-na, mina bröder ; 4. hans sön-er och hans döttr-ar ; 5. böck-er-na, inga böck-er.

18a.

1. the hand, the hands, your two hands;   2. a night, the nights, many nights;   3. the brothers, my brothers; 4. his sons and his daughters;   5. the books, not any books.

USEFUL PHRASES.

I do not understand you	1	Jag förstår er inte.
I beg your pardon.	2	Förlåt.
Excuse me!	3	Ursäkta!
Are you a Swede?	4	Är ni svensk?
I am not an Englishman.	5	Jar är inte engelsman.
What is the price of this book?	6	Vad är priset på den här boken?
How much does that one cost?	7	Hur mycket kostar den där?
That is too dear.	8	Det är för dyrt.
Drive me to the railway station.	9	Kör mig till järnvägs-stationen.
I will give you four crowns.	10	Jag skall ge er fyra kronor.
Make haste! Quick!	11	Skynda er! Fort!
I will get out here.	12	Jag vill stiga av här.
Come back in half an hour.	13	Kom tillbaka om en halv timme.
Wait a moment.	14	Vänta ett ögonblick.
I shall not be (= linger) long.	15	Jag skall inte dröja länge.
Please show me the way.	16	Var så god och visa mig vägen.

Imitated Pronunciation of the above Phrases.

1. yahg föhr-stawr' ehr in'-ter
2. föhr-lawt'
3. ʊr-saik-täh!
4. air nee svensk?
5. yahg air in'-ter eng'-els-mähn
6. vahd air pree'-set paw den hair book'-en?
7. hʊr mɛɛ'-ket kost'-ähr den dair?
8. det air föhr dɛɛrt
9. chöhr meeg til yairn'-vaigs-stäh-shoo'-nen

10. yahg skähl yeh ehr fɛɛ'-räh kroo'-noor
11. shɛɛn'-däh ehr! foort!
12. yahg vil stee'-gäh ahv hair
13. kom til-bah'-käh om en hählv tim'-mer
14. vain'-täh et öh'-gon-blik
15. yahg skähl in'-ter dröh'-yäh laing'-er
16. vahr saw good ock vee'-säh meeg vaig'-en

SIXTH LESSON.

THE DECLENSION OF ADJECTIVES.

1.—Adjectives are invariable in the Singular when they stand AFTER a Noun of Common Gender; after a Neuter Noun they take **t**, unless already ending in **t**, as: **kort** (short).

2.—Adjectives are also invariable when they stand BEFORE a Noun of Common Gender and are preceded by **en** (A, AN): before a Neuter Noun and preceded by **ett** (A, AN) they take **t**.   Examples:

the address is long	adress-en är lång
the letter is long	brev-et är långt
a long address	en lång adress
a long letter	ett långt brev

3.—Adjectives preceded by the Definite Article (THE), or any other Determinative* take **a**.

* Determinatives are: the, this, that, my, your, his, etc.

The Definite Article used with Adjectives is:

   THE   **den** (common gender)   **det** (neuter)   **de** (plural)

This Article stands BEFORE the Adjective.   In addition, the ordinary Definite Article **en, et** or **na,** is placed AFTER the Noun which follows the Adjective, thus:

the long address   **den** långa adress-**en** (lit. the long address the)
the long letter   **det** långa brev-**et** (lit. the long letter the)
the long addresses   **de** långa adress-**er-na** (lit. the long addresses the)

4.—In the Plural, Adjectives always take **a** both BEFORE and AFTER the Noun, as:

long addresses	långa adresser	long letters	långa brev
the long addresses	de långa adresserna	the long letters	de långa breven
the addresses are long	adresserna är långa	the letters are long	breven är långa

good	**god, gott** (n.)	dear *or*	**dyr**	young	**ung**
	good gott	expensive	dEEr		ung
bad	**dålig**	poor	**fattig**	new	**ny**
	daw'-lig		fäht'-tig		nEE
cheap	**billig**	rich	**rik**	happy	**lycklig**
	bil'-lig		reek		lEEk'lig

19.

1. ett billigt hus, de billiga hus-en, de här hus-en är inte dyra ; 2. en rik man, min farbror är inte rik, hans vänn-er är rika ; 3. en lycklig dag, många lyckliga dag-ar ; 4. den här bok-en är ny, den nya bok-en är här, edra böck-er är inte nya.

19a.

1. a cheap house, the cheap houses, these houses are not dear; 2. a rich man, my uncle is not rich, his friends are rich; 3. a happy day, many happy days; 4. this book is new, the new book is here, your books are not new.

5.—Adjectives ending in **el, er, en,** drop **e** of final syllable before adding **a** (see rules 3 and 4, page 28), as:

beautiful	⎰ **vacker**	becomes	**vackra** Singular and Plural		
fine, pretty	⎱ văhk'-ker		văhk'-răh		
simple	**enkel**	„	**enkla**	„	„	„
	en'-kel		en'-klăh		
dull	**mulen, mulet*** (n.)	„	**mulna**	„	„	„
	mʊ'-len, mʊ'-let		mʊl'-năh		

old	**gammal†** becomes	**gamla**	„	„	„
	găhm'-măhl	„	găhm'-lăh		

little ⎰ **liten, litet** (n.) ⎰ after a determinative⎱ **lilla** plural **små**
small ⎱ lee'-ten, lee'-tet ⎱ in Singular becomes ⎰ lil'-lăh   smaw

* If the Adjective ends in **en,** replace **n** by **t** for the neuter form.
† **gammal** changes **mal** into **la.**

EXAMPLES.

an old man, **en gammal man**	the old man, **den gamla mannen**
a little girl, **en liten flicka**	my little girl, **min lilla flicka**
a small house, **ett litet hus**	his small house, **hans lilla hus**
old men, **gamla män**	the old men, **de gamla männen**
small houses, **små hus**	their small houses, **deras små hus**
fine flowers, **vackra blommor**	our fine flowers, **våra vackra blommor**

20.

1. en liten bok, den lilla bok-en, de små böck-er-na ; 2. en gammal vän, hans gamla vän, gamla vän-ner, edra gamla vän-ner ; 3. en fattig kvinna, den fattiga kvinna-n, är kvinn-or-na fattiga ? 4.

ett litet rum, det lilla rum-met, de små rum-men ;
5. ett billigt bord, billiga stol-ar, de här kniv-ar-na
är billiga ; 6. ett lyckligt barn, lyckliga barn,
barn-en är lyckliga ; 7. den här pipa-n är inte
dyr, era blommor är dyra ; 8. vår granne är rik,
deras grann-ar är också rika ; 9. enkelt glas.

20a.

1. a little book, the little book, the small books; 2. an
old friend, his old friend, old friends, your old friends; 3. a
poor woman, the poor woman, are the women poor? 4. a
little room, the little room, the small rooms; 5. a cheap
table, cheap chairs, these knives are cheap; 6. a happy
child, happy children, the children are happy; 7. this pipe
is not dear, your flowers are dear; 8. our neighbour is
rich, their neighbours are also rich; 9. simple glass.

---

much, very	mycket	too	för, alltför
	mEE'-ket		föhr, ählt'-föhr
every	var, varje	because	ty, för att
	vahr, vähr'-yer		tEE, föhr äht

| some } | någon | något (n.) | några (plural) |
| any } | naw'-gon | naw'-got | naw'-gräh |

21.

1. Han har skrivit ett brev var dag. 2. De där
brev-en är för korta. 2. Har ni några goda cigarr-
er ? 4. Cigarr-er-na är mycket för dyra här, ty de
är inte goda, de är dåliga. 5. Den unga mann-en
är mycket rik, men han är inte lycklig. 6. Är
inte det här er nya adress ? Jo, det är det. 7. Det
är bara sex rum i mitt hus. 8. Vart (or varje) rum
är alltför litet i det här hus-et.

21a.
1. He has written a letter every day.   2. Those letters are too short.   3. Have you some (any) good cigars?   4. The cigars are much too dear here, because they are not good, they are bad.   5. The young man is very rich, but he is not happy.   6. Is not this your new address?   Yes, it is.   7. There are only six rooms in my house.   8. Every room is too small in this house.

seven, **sju**; eight, **åtta**; nine, **nio**; ten, **tio**; eleven, **elva**; twelve, **tolv**
   shu   ot'-täh   nee'-*er*   tee'-*er*   el'-väh   tolv

king	**kung, konung**	country	**land**
	kung, kaw'-nung		lähnd
queen	**drottning**	people	**människor** (pl.) **folk** (n.)
	drot'-ning		men'-nee-shǫor folk

22.
1. kung-en och drottning-en av Sverige[1] ;   2. England-s konung-ar och drottning-ar ;   3. land-et-s folk ;   4. många människor har sett kung-en ;   5. konung-en och hans folk.   1 pronounced: sver'-yay.

22a.
1. the king and the queen of Sweden;   2. the kings and the queens of England;   3. the people of the country;   4. many people have seen the king;   5. the king and his people.

THE MONTHS.—MÅNADERNA (maw'-näh-der-näh).

January	januari	July	juli
yäh'-nu-äh-ree		yu'-lee	
February	februari	August	augusti
feb'-ru-ah-ree		äh-oo-gus'-tee	
March	mars	September	september
mährsh		sep-tem'-ber	
April	april	October	oktober
äh-pril'		ok-too'-ber	
May	maj	November	november
my		noo-vem'-ber	
June	juni	December	december
yu'-nee		de-sem'-ber	

The names of the months are not written with initial capitals in Swedish.

USEFUL PHRASES.

What did you say?	1	Vad sade ni?
Will you say it again?	2	Vill ni säga det igen?
She says nothing.	3	Hon säger ingenting.
You are (= have) right.	4	Ni har rätt.
I am (= have) wrong.	5	Jag har fel.
Who has seen it?	6	Vem har sett det?
Nobody saw it.	7	Ingen såg det.
Do you remember her?	8	Kommer ni ihåg henne?
I cannot remember it.	9	Jag kan inte komma ihåg det.
This is very easy.	10	Det här är mycket lätt.
Is that too difficult?	11	Är det där för svårt?
No, it is not difficult.	12	Nej, det är inte svårt.
Is it possible?	13	Är det möjligt?
That is quite impossible.	14	Det är alldeles omöjligt.
He does it every day.	15	Han gör det var dag.
Can you do it now?	16	Kan ni göra det nu?
We do not want anything.	17	Vi önskar ingenting.
You paid too much.	18	Ni betalade för mycket.
Did I pay him too little?	19	Betalade jag honom för litet?
That is quite enough.	20	Det där är alldeles lagom.

Imitated Pronunciation of the above Phrases.

1. vahd sah'-der nee?
2. vil nee sai'-yäh det ee-yen'?
3. hoon sai'-yer ing'-en-ting
4. nee hahr ret
5. yahg hahr fehl
6. vem hahr set det?
7. ing'-en sawg det
8. kom'-mer nee ee-hawg' hen'-ner?
9. yahg kähn in'-ter kom'-mäh ee-hawg' det
10. det hair air mee'-ket let
11. air det där föhr svawrt?

12. ney, det air in'-ter svawrt
13. air det möhy'-ligt?
14. det air ähl'-deh-les oo'-möhy-ligt
15. hähn yöhr det vahr dahg
16. kähn nee yöh'-räh det nu?
17. vee öhns'-kahr ing'-en-ting
18. nee be-tah'-läh-der föhr mee'-ket
19. be-tah'-läh-der yahg ho'-nom föhr lee'-tet?
20. det dair air ähl'-del-les lah'-gom

Explanatory Notes to the above Phrases.

1.—In conversation **sa** (sah) is often used instead of **sade**.
8 and 9.—**komma ihåg**, to remember (lit., to come in mind).

EASY READING,

with Imitated Pronunciation and Literal Translation.

Kaptenen på ett fartyg ropade ner i lastrum-
kăĦp-teh'-nen paw et fahr'-tEEg roo'-păh-der nehr ee lăhst'-rum-
The captain of a vessel called down into the hold:

met: Vem där?—Karl, kapten, blev svaret.
met vehm dair? karl kăhp-tehn' blehv svah'-ret
Who (is) there?—Carl, captain, was the answer.

— Vad gör du? — Ingenting, kapten. — Är
vahd yöhr dʋ? ing'-en-ting kăhp-tehn' air
— What are you doing? — Nothing, captain. — Is

Erik där? — Ja, kapten, svarade Erik. — Vad
eh'-rik dair? yah kăhp-tehn' svah'-rah-der eh'-rik vahd
Eric there? — Yes, captain, answered Eric. — What

gör du? — Jag hjälper Karl, kapten.
yöhr du? yahg yel'-per karl kăhp-tehn'
are you doing? — I am helping Carl, captain.

En ryktbar skald gick en dag gatan fram,
en rEEkt'-bahr skăhld yik en dahg gah'-tăhn frăhm
A famous poet went one day the street along,

då han plötsligt stötte ihop med en ung
daw hăhn plöhts'-ligt stöht'-ter ee-hoop' mehd en ung
when he suddenly knocked against a young
(together with)

man. Denne såg på honom ett ögonblick
măhn den'-ner sawg paw ho'-nom et öh'-gon-blick
man. This one looked at him a moment

och sade: Jag går aldrig ur vägen för
ock sah'-der yahg gawr ăhl'-drig ʋr vai'-guen föhr
and said: I go never out of the way for

en	narr.	— Men	det	gör	alltid	jag,	sva-
en	nähr	men	det	yöhr	ähl'-teed	yahg	svah'-
a	fool.	— But	that	do	always	I,	an-

rade	skalden,	och	steg	åt	sidan.
rah-der	skähl'-den	ock	stehg	awt	see'-dähn
swered	the poet,	and	stepped	to	the side.

En	soldat	hade	träffats	av	en	bösskula.
en	sol-daht'	hah'-der	tref'-făhts	ahv	en	böhs'-ku-lah
A	soldier	had been	hit	by	a	rifle-bullet.

Kirurgen	gjorde	allt	vad	han	kunde	för
chee-rur'-guen	yoor'-der	ählt	vahd	hähn	kund'-der	föhr
The surgeon	did	all	that	he	could	(for)

att	finna	den,	men	förgäves.	Soldaten	för-
äht	fin'-näh	den	men	föhr-yai'-ves	sol-dah'-ten	föhr-
to	find	it,	but	in vain.	The soldier	

lorade	slutligen	tålamodet,	och	frågade
loo'-rah-der	slut'-lee-guen	taw-lah-moo'-det	ock	fraw'-gah-der
lost	at last	his (the) patience,	and	asked

varför	han	plågade	honom	så	oerhört.	— Jag
vahr'-föhr	hähn	plaw'-gah-der	ho'-nom	saw	oo'-er-höhrt	yahg
why	he	was hurting	him	so	terribly.	— I

söker	efter	kulan,	svarade	kirurgen.
söh'-ker	ef'-ter	ku'-lähn	svah'-rah-der	chee-rur'-guen
am seeking	for	the bullet,	answered	the surgeon.

Varför	sade	ni	inte	det	genast,	utropade
vahr'-föhr	sah'-der	nee	in'-ter	det	yeh'-nähst	ut'-roo-pah-der
Why	said	you	not	that	immediately,	exclaimed

soldaten,	den	har	jag	ju	i	fickan.
sol-dah'-ten	den	hahr	yahg	yu	ee	fic'-kähn
the soldier	it	have	I	well	in	the (=my) pocket.

En äldre dam stod och tvekade om hon skulle
en eld'-rer dahm stood ock tveh'-käh-der om hoon skul'-ler
An elderly lady stood and hesitated if she should

våga gå över gatan vid Stureplan i Stockholm.
vaw'-gäh gaw öh'-ver gah'-tähn veed Stu-re-plahn ee Stok'-holm
dare to walk across the street at Stureplan in Stockholm.

Då ljuset blev grönt satte hon försiktigt ner
Daw yus'-et blehv gröhnt säht'-ter hoon föhr'-sikt-ikt nehr
When the light turned green put she carefully down

ena foten på gatan, såg sig* om, blev för-
eh'-näh foot'-en paw gah'-tähn sawg seeg om blehv föhr-
one foot on the street, looked round, became con-

virrad av trafiken och drog tillbaka foten igen.
vir'-rähd ahv trahf-feek'-en ock droog til-bah'-käh foo'-ten ee-yen'.
fused by the traffic and pulled back the foot again.

En springpojke som susade förbi på sin cykel
En spring'-poy-ker som su'-säh-der föhr-bee' paw sin see'-kel
An errand-boy who whisked past on his bicycle

ropade uppmuntrande till henne: "Kila på,
roo'-päh-der up'-munt-rähn-der til hen-ner chee'-läh paw
shouted encouragingly to her: "Hurry along,

damen, grönare än så här blir det inte."
dah'-men gröh'-näh-rer en saw hair bleer deh in'-ter
lady, greener than this (lit. "so here") turns it not."

* See page 100.

En herre kom en dag in på en restaurang,
en her'-rer kom en dahg in paw en res'-to-rahn(g)
A gentleman came one day into a restaurant,

slog sig ned vid ett bord, och bad att få
sloog seeg ned veed et boord ock bahd äht faw
sat (himself) down at the table, and asked for to

se på matsedeln. Efter att ha granskat den
say paw maht'-seh-deln ef'-ter äht hah grähn'-skäht den
look at the bill of fare. After having (to have) examined it

mycket noga, ropade han på kyparen och frå-
mEE'-ket noo'-găh roo'-păh-d*er* hăhn paw chEE'-păh-ren ock fraw'-
very   carefully,   called   he   for   the waiter and

gade : Vad   kostar   den   där   såsen ?—Den   får
găh-d*er*   vahd   kos'-tăhr   den   dair   saw'-sen?   den   fawr
asked: What   costs   that   sauce?— That   gets

Herrn   på   köpet,   svarade   kyparen.—Och   vad
hern   paw   chöh'-pet svah'-răh-d*er*   chEE'-păh-ren   ock   vahd
the gentleman for nothing, answered the waiter.—And what

kostar   brödet ?—Det   får   Herrn   också   för
kos'-tăhr   bröh'-det?   det   fawr   hern   ock'-saw   föhr
costs   the bread?—That gets the gentleman also   for

ingenting.—Vill ni då ge mig litet sås och bröd,
ing'-en-ting   vil   nee   daw   yeh meeg lee'-tet saws   ock   bröhd
nothing. — Will you then give me a little sauce and bread,

svarade   gästen.
svah'-răh-d*er*   yes'-ten
answered   the guest.

En läkare hade botat en bondgumma från en svår
En lai'-kăh-r*er* hăh'-d*er* boo'-tăht en boond'-gum-măh frawn en svawr
A   doctor   had   cured   a peasant woman from a serious

sjukdom. Då hon ville tacka honom svarade han
shuk'-doom daw hoon vil'-l*er* tăhk'-kăh hon'-om svah'-răh-d*er* hăhn
illness.   When she wished to thank him   answered   he

skämtsamt : "Tacka inte mig, tacka Vår Herre."
shemt'-săhmt   tăhk'-kăh in'-t*er* meeg tăhk'-kăh vawr   her'-r*er*
jokingly: "Thank   not   me,   thank   Our   Lord."

Men   gumman   neg   djupt   och   sade   allvarligt:
men   gum'-măhn   nehg   yupt   ock   sah'-d*er*   ahl'-vahr-likt
But   the woman curtsied deeply and   said   earnestly:

"Då får jag tacka båda herrarna."
daw   fawr   jahg tăhk'-kăh baw'-dăh   her'-răhr-năh.
"Then must I   thank   both your Lordships "

SEVENTH LESSON.

The INFINITIVE of nearly all Swedish Verbs ends in **a**. By cutting off this final **a**, the Stem of the Verb remains, to which the various endings are added.

Most Verbs form the PRESENT TENSE by adding **ar** or **er** to the Stem. It should be noted that such verbs used to take **a** in the plural, and that these forms still occur in formal written Swedish. E.G. **vi tala** (we speak), **de läsa** (they read). See also note, page 11.

EXAMPLE WITH **ar**.

TO SPEAK **tala** (tah'-läh)   Stem: **tal** (tahl)

PRESENT TENSE.

SINGULAR	PLURAL
I SPEAK, **jag tal-ar**	WE SPEAK, **vi tal-ar**
YOU SPEAK, **du** or **ni tal-ar**	YOU SPEAK, **ni tal-ar**
HE, SHE SPEAKS, **han, hon tal-ar**	THEY SPEAK, **de tal-ar**

EXAMPLE WITH **er**.

TO READ **läsa** (lai'-säh)   Stem: **läs** (lais)

PRESENT TENSE.

SINGULAR	PLURAL
I READ, **jag läs-er**	WE READ, **vi läs-er**
YOU READ, **du** or **ni läs-er**	YOU READ, **ni läs-er**
HE, SHE READS, **han, hon läs-er**	THEY READ, **de läs-er**

Verbs which form the PRESENT TENSE in **ar**.

to listen, **lyssna** (LEES'-näh)
to open, **öppna** (öhp'-näh)
to pay, **betala** (be-tah'-läh)
to promise, **lova** (law'-väh)
to work, **arbeta** (ahr'-beh-täh)

Verbs which form the PRESENT TENSE in **er**.

to buy, **köpa** (chöh'-päh)
to sell, **sälja** (sel'-yäh)
to forget, **glömma** (glöhm'-mäh)
to know, **känna** (chen'-näh)
to travel, **resa** (reh'-säh)

See further List of Verbs, page 127.

23.

1. jag öppn-ar dörr-en, de öppn-ar dörr-ar-na ; 2. han arbet-ar, vi arbet-ar också ; 3. jag betal-ar, de betal-ar inte ; 4. hon lyssn-ar, vi lyssn-ar ; 5.

han sälj-er tidning-ar, de sälj-er ci-garr-er ;   6.
han känn-er många människor, vi känn-er hennes
bröder ;   7.   hon köp-er blomm-or-na, vi köp-er
biljett-er-na ;   8. jag res-er var dag, de res-er inte.

23a.

1. I open the door, they open the doors;   2. he works,
we work also;   3. I pay, they do not pay;   4. she listens,
we listen;   5. he sells newspapers, they sell cigars;   6. he
knows many people, we know her brothers;   7. she buys
the flowers, we buy the tickets;   8. I travel every day,
they do not travel.

What is called in English the PROGRESSIVE FORM must
be changed before translating, thus:

I am speaking	*into*	I speak	**jag talar**
he is reading	,,	he reads	**han läser**

QUESTIONS are formed in Swedish by placing the Pro-
noun after the Verb.   In translating, therefore, the English
construction is changed thus:

does he speak? *or* is he speaking?	*into*	speaks he? **talar han?**
do you read? *or* are you reading?	,,	read you? **läser ni?**

NEGATIONS are formed in the same way.   DO and DOES
are not translated.

he does not speak = he speaks not	**han talar inte**
you do not read = you read not	**ni läser inte**
I am not buying = I buy not	**jag köper inte**
are they not working? = work they not?	**arbetar de inte?**
we do not promise = we promise not	**vi lovar inte**

24.

1. jag glömm-er inte mina vänn-er ;   2. läs-er ni
hans brev ?   3. vi läs-er tidning-ar-na ;   4. arbet-
ar hon hemma ?   5. de arbet-ar inte ;   6. tal-ar
han till mann-en ?   7. vad lov-ar du ?   8. vi
res-er, han res-er också.

24a.

1. I do not forget my friends; 2. are you reading his letter? 3. we are reading the newspapers; 4. is she working at home? 5. they are not working; 6. is he speaking to the man? 7. what are you promising? 8. we are travelling, he also is travelling.

language	språk (n.)	Danish	dansk
	sprawk		dăhnsk
interesting	intressant	English	engelsk
	in-tres-sangt'		eng'-elsk
Swedish	svensk	French	fransk
	svensk		frăhnsk
Norwegian	norsk	German	tysk
	norsk		tEEsk

The above Adjectives (names of languages) have no initial capitals in Swedish.

25.

1. det franska språk-et är vackert; 2. det eng-elska språk-et är rikt; 3. det svenska språk-et är intressant; 4. han läs-er en fransk bok; 5. jag tal-ar tyska och danska; 6. de köp-er norska tidning-ar; 7. tal-ar du inte franska? 8. jag har en svensk vän.

25a.

1. the French language is beautiful; 2. the English language is rich; 3. the Swedish language is interesting: 4. he is reading a French book; 5. I speak German and Danish; 6. they are buying Norwegian newspapers; 7. do you not speak French? 8. I have a Swedish friend.

money	pengar* (pl.)	luggage	bagage (n.)
	peng'-ähr		băh-gahsh'
pocket	ficka	porter	stadsbud (n.)
	fic'-kăh		stăhds'-bud

* **pengar** (money) is a plural noun, and the determinative pre-ceding is generally in the plural, as: my money, **mina pengar.**

BUT: much money   *is* **mycket pengar**
      some (a little) money *is* **litet pengar**

26.

1. Vi har inte mycket pengar. 2. Här är frimärke-n-a till brev-en. 3. Jag har litet pengar i ficka-n. 4. Stadsbud-et har vårt bagage. 5. Vem betal-ar för bagage-t ? 6. De betal-ar stadsbud-et.

26a.

1. We have not much money. 2. Here are the stamps for (= to) the letters. 3. I have some (= a little) money in my (= the) pocket. 4. The porter has our luggage. 5. Who is paying for the luggage? 6. They are paying the porter.

to-day idag	to-morrow imorgon	yesterday igår
ee-dahg′	ee-mor′-ron	ee-gawr′
a week **en vecka**	the first (of) **den första**	
en veck′-käh	den föhsh′-täh	
a month en **månad**	the second (of) **den andra**	
en maw′-nähd	den ähn′-dräh	
date **datum** (n.)	the last (of) **den sista**	
dah′-tum	den sis′-täh	

27.

1. vilket datum är det idag ? 2. det är den andra maj ; 3. måndag-en, den första mars ; 4. år-et har tolv månad-er ; 5. vecka-n har sju dag-ar ; 6. det är fyra veck-or i en månad ; 7. igår var det torsdag ; 8. sista dag-en av år-et ; 9. första dag-en i veck-an är söndag ; 10. januari är den första månad-en, december är den sista.

27a.

1. what (which) date is it to-day? 2. it is the second of May; 3. Monday (= the Monday), the first of March; 4. the year has twelve months; 5. the week has seven days; 6. there are four weeks in a month; 7. yesterday was (it) Thursday; 8. the last day of the year; 9. the first day of (= in) the week is Sunday; 10. January is the first month (= the month), December is the last.

USEFUL PHRASES.

This is very good.	1	Det här är mycket gott.
That is bad.	2	Det där är dåligt.
Is it a mistake?	3	Är det ett misstag?
I cannot believe it.	4	Jag kan inte tro det.
What is the matter?	5	Hur är det fatt?
It is nothing.	6	Det är ingenting.
Of course, that is right.	7	Naturligtvis, det är rätt.
Between ourselves.	8	Mellan oss.
I must tell you.	9	Jag måste tala om för er.
It depends upon you.	10	Det beror på er.
Listen to (= on) me!	11	Hör på mig!
Come this way.	12	Kom den här vägen.
I will show you the way.	13	Jag skall visa er vägen.
Shall we go now?	14	Skall vi gå nu?
Will you come with me?	15	Vill ni komma med mig?
I am going home.	16	Jag går hem.
He is going to town.	17	Han reser till staden.
We shall remain at home.	18	Vi skall stanna hemma.
I am busy to-day.	19	Jag har bråttom idag.
I will speak to you.	20	Jag vill tala med er.

Imitated Pronunciation of the above Phrases.

1. det hair air MEE'-ket gott
2. det dair air daw'-ligt
3. air det mis'-tahg?
4. yahg kăhn in'-ter troo det
5. hur air det făht?
6. det air ing'-en-ting
7. nah-tur'-ligt-vees, det air ret
8. mel'-lăhn oss
9. yahg mos'-ter tah'-läh om föhr ehr
10. det beh-roor' paw ehr
11. höhr paw meeg!
12. kom den hair vaig'-en
13. yahg skăhl vee'-säh ehr vaig'-en
14. skăhl vee gaw nu?
15. vil nee kom'-măh mehd meeg?
16. yahg gawr hem
17. hăhn reh'-ser til stah'-den
18. vee skăhl stăhn'-năh hem'-măh
19. yahg hahr bro'-tom ee-dahg'
20. yahg vil tah'-läh mehd er

Explanatory Note.
5. lit.: how is it wanting?

EASY READING,

with Imitated Pronunciation and Literal Translation.

Under	Karl	den	tolftes*	sista	fälttåg	rådde
un'-der	kåhrl	den	tolf'-tes	sis'-tăh	felt'-tawg	rod'-der
During	Charles	the	twelfth's	last	campaign	prevailed

stor	oro	i	hären,	på	grund	av	brödets
stoor	oo'-roo	ee	hai'-ren	paw	grund	ahv	bröh'-dets
great	trouble	in	the army,	because			of the bread's

dåliga	beskaffenhet.	En	av	soldaterna	tog
daw'-li-găh	beh-skăhf'-fen-het	en	ahv	sol-dah'-ter-năh	toog
bad	quality.	One	of	the soldiers	took

en	gång	ett	stycke	bröd,	gick	fram	till
en	gawng	et	stEE'-ker	bröhd	yik	frăhm	til
once		a	piece (of)	bread,	went	(along)	to

konungen	och	frågade	om	han	ansåge	detta
kaw'-nung-en	ock	fraw'-găh-der	om	hăhn	an'-saw-guer	det'-tăh
the king	and	asked	if	he	considered	that

lämpligt	för	soldaterna.	Kungen	tog	det	från
lemp'-ligt	föhr	sol-dah'-ter-năh	kung'-en	toog	det	frawn
suitable	for	the soldiers.	The king	took	it	from

honom	och	åt	upp	det,	varpå	han	sade: "Nog
ho'-nom	ock	awt	up	det,	vahr-paw'	hăhn	sah'-der: noog
him	and	ate	(up)	it,	whereupon	he	said: "Well

har	jag	ätit	bättre,	men	jag	skulle	kunna	äta
hahr	yahg	ai'-tit	bet'-trer	men	yahg	skul'-ler	kun'-năh	ai'-tăh
have	I	eaten	better,	but	I	should	be able	to eat

sämre."	Efter	den	dagen	upphörde	allt	knot.
sem'-rer	ef'-ter	den	dah'-guen	up'-höhr-der	ăhlt	knoot
worse."	After	that	day	stopped	all	grumbling.

* Charles the twelfth of Sweden.

Det är julotta i en kyrka på
Deht air yŭl'-oot-täh ee en chEEr'-käh paw
It is Christmas-morning Mass in a church in

landet. Kyrkan är full av folk ; värmen
lähn'-det chEEr'-kähn air ful ahv folk vair'-men
the country. The church is full of people; the heat

från de många levande ljusen är tryckande
frawn deh mawng'-äh leh'-vähn-der yu'-sen air trEEk'-kahn-der
from the many live lights is oppressive
(viz. candles)

efter vintermorgonens bistra kyla utanför.
ef'-ter vin'-ter-mor-gon-ens bist'-räh chEE'-läh u'-tahn-föhr
after the winter morning's bitter cold outside.

En äldre herre sjunker plötsligt ner på
en eld'-rer her'-rer shun'-ker plöhts'-likt nehr paw
An elderly gentleman sinks suddenly down on

golvet med huvudet under bänkraden framför.
gol'-vet mehd hu'-vu-det un'-der bengk'-rah-den frähm'-föhr
the floor with the head under the pew in front.

Raskt fattar damen bredvid tag i honom,
rähskt fäht'-tahr dah'-men bred-veed' tahg ee hon'-om
Swiftly catches the lady next (to him) hold of him,

försöker lyfta upp honom, gnider hans
föhr-söh'-ker lEEf'-täh up hon'-om gnee'-der hähns
tries (to) lift him up, rubs his

grånade huvud mellan sina händer. Andra
graw'-näh-der hu'-vud mel'-lähn sin'-äh hen'-der. ähnd'-räh
greyed head between her hands. Others

kringsittande försöker hjälpa henne. Äntligen
kring'-sit-tähn-der föhr-söh'ker yel'-päh hen'-ner ent'-lig-en
sitting round try (to) help her. At last

lyckas mannen befria sig och väser mellan
lEEk'-kăhs mahn'-nen be-free'-äh seeg ock vais'-er mel'-lähn
succeeds the man in liberating himself and hisses between

tänderna: "Kan ni inte för Guds skull
ten'-der-näh kăhn nee in'-ter föhr guds skul
the teeth: "Can you not for God's sake

lämna mig i fred! Jag har ju tappat min hatt."
lem'-näh meeg ee frehd jahg hahr jʊ tăhp'-păht min hăht
leave me alone! I have * dropped my hat."
(lit. "in peace")

En ung man kom till Uppsala för att studera
en ung măhn kom til up'-sah-läh föhr ăht stʊ'-deh-räh
A young man came to Uppsala for to study

vid universitetet och hyrde ett rum hos en
veed un-ee-ver-see-teh'-tet ock hEEr'der et rum hoos en
at the university and rented a room with an

äldre dam i staden. Denna fick någon dag
eld'-rer dahm ee stah'-den den'-näh fik naw'-gon dahg
elderly lady in the town. The latter received some day

senare en telefonpåringning från studentens
seh'-näh-rer en te·le-foon'-paw-ring-ning frawn stʊ-den'-tens
later a telephone call from the student's

moder. "Snälla fru Nilsson, se till att
moo'-der snel'-läh frʊ nil'-son seh til ăht
mother. "Dear Mrs. Nilsson, (please) see to (it) that

Lars går och lägger sig tidigt, äter på bestämda
lahsh gawr ock leg'-ger seeg tee'-dikt ai'-ter paw be-stem'-däh
Lars goes to bed early, eats at regular

* The word "ju" refers to something as already known and must be translated according to the context with "of course", "as you know", etc.

tider, får närande kost med rikliga vita-
tee'-der fawr nai'-răhn-der kost mehd reek'-li-găh vee-tăh-
times, gets nourishing fare with plenty (of) vita-

miner, inte röker eller dricker för mycket
mee'-ner in'-ter röh'-ker el'-ler drik'-ker föhr mEE'-ket
mins, not smokes or drinks too much

och inte är ute med flickor eller i dåligt
ock in'-ter air U'-ter mehd flic'-koor el'-ler ee daw'-likt
and not is out with girls or in bad

sällskap. Fru Nilsson förstår att det är
sel'-skahp. frU nil'-son föhr'-stawr ăht deht air
company. Mrs. Nilsson understands that it is

första gången Lars är borta hemifrån utom
föhr'-stăh gong'-en lahsh air bor'-tăh hem'-ee-frawn' U'-tom
the first time Lars is away from home except

de två åren han gjorde sin värnplikt
deh tvaw aw'-ren hăhn yoor'-der sin vairn'-plikt
for the two years he did his national service

vid flottan."
veed flot'-tahn
in the Navy."

En man, som ansåg sig vara av stor be-
en măhn som ăhn'-sawg seeg vah'-răh ahv stoor be-
A man, who considered himself (to) be of great im-

tydelse, sade en dag : "Jag har ett storartat
tEE'-del-ser sah'-der en dahg: yahg hahr et stoor'-ahr-tăht
portance, said one day: "I have a wonderful

minne. Jag kan faktiskt inte komma* ihåg*
min'-ner yahg kăhn făhkt'-iskt in'-ter kom'-măh ee'-hawg
memory. I can in fact not remember

någonting som jag har glömt."
naw'-gon-ting som yahg hahr glöhmt
anything that I have forgotten."

* = come to mind.

EIGHTH LESSON.

ME	**mig**	HIM	**honom**	HER	**henne**
	meeg		ho'-nom		hen'-ner
US	**oss**	THEM	**dem**	IT	**den, det** (n.)
	oss		dem		den, det
YOU (sing.)	**dig, er**			YOU (plur.)	**er, eder**
	deeg, ehr				ehr, eh'-der

28.

1. jag betal-ar honom, vem betal-ar oss ? de betal-ar eder ;   2. han tal-ar till mig, tal-ar hon inte till er ?   3. jag lov-ar er, lov-ar de dig ? vi lov-ar honom ;   4. hon glömm-er mig, de glömm-er henne inte.

28a.

1. I pay him, who pays us? they pay you (plur.);   2. he speaks to me, does she not speak to you?   3. I promise you, do they promise you? we promise him;   4. she forgets me, they do not forget her.

REGULAR VERBS which take **ar** in the Present Tense take **ade** in the PAST TENSE and **at** in the PAST PARTI-CIPLE, as:

PRESENT TENSE.	PAST TENSE.	PAST PARTICIPLE.
jag tal-ar	**jag tal-ade**	**jag har tal-at**
I speak	I spoke	I have spoken

Remember that all endings are added to the STEM.

Regular Verbs which take **er** in the Present Tense take **de** or **te** in the PAST TENSE, and **t** in the PAST PAR-TICIPLE.   If the Stem ends in **f, k, p** or **s,** add **te** for Past Tense.   Examples:

PRESENT TENSE.	PAST TENSE.	PAST PARTICIPLE.
I hear,	I heard,	I have heard,
jag hör* (höhr)	**jag hör-de**(höhr-d*er*)	**jag har hör-t**(höhrt)
I travel,	I travelled,	I have travelled,
jag res-er(rehs'-er)	**jag res-te** (rehs'-t*er*)	**jag har res-t** (rehst)

* **höra** is a Regular Verb, but the modern form for Present Tense is **hör** instead of **hörer.**

29.

1. jag arbet-ade för henne, de har arbet-at för
mig; 2. du kän-de oss, vi kän-de dem, de har
kän-t honom; 3. hon har res-t till er, de res-te till
eder; 4. vi betal-ade dem, har de betal-at dig?
5. jag köp-te det från honom, har ni köp-t det från
henne? 6. ni tal-ade inte till mig, de har tal-at
till henne; 7. hör du? de hör-de inte, vi har hört
er.

29a.

1. I worked (or was working) for her, they have worked
for me; 2. you knew us, we knew them, they have known
him; 3. she has gone (travelled) to you, they went (trav-
elled) to you; 4. we paid them, have they paid you? 5. I
bought it from him, have you bought it from her? 6. you
did not speak to me, they have spoken to her; 7. do you
hear? they did not hear, we have heard you.

WHEN	**när**	WHY?	**varför?**	HOW	**hur, huru**
	nair		văhr'-föhr?		hᴜr, hᴜ'-rᴜ
OFTEN	**ofta**	NEVER	**aldrig**	ALWAYS	**alltid**
	of'-tăh		ăhl'-drig		ăhl'-tid

WHERE TO?	**vart?**	WHERE FROM?	**varifrån?**
	văhrt?		văh-ree'-frawn?

The following Verbs are REGULAR in the Present Tense,
that is, they take **er**.

to come	**komma**	to say	**säga**
	kom'-măh		sai'-găh
to give	**giva, ge***	to write	**skriva**
	yee'-văh, yeh		skree'-văh

30.

1. han ger mig, de ger oss; 2. jag säg-er det till
henne, vi säg-er det alltid; 3. jag skriv-er till
honom, skriv-er ni till dem? 4. du komm-er

* The latter form is normally used in modern Swedish.

aldrig, de komm-er ofta till oss; 5. varifrån
komm-er ni ? vi komm-er från Ryssland; 6.
när skriv-er du till henne ? jag skriver idag.

30a.

1. he gives me, they give us; 2. I say it to her, we say
it always; 3. I am writing to him, are you (plur.) writing
to them? 4. you never come, they often come to us; 5.
where do you come from? we come from Russia; 6. when
are you writing to her? I am writing to-day.

CONJUGATION OF THE TWO AUXILIARY VERBS
TO BE **vara** (vah'-răh) and TO HAVE **hava, ha** (hah'-văh, hăh)*

I am, **jag är** (air)	I have, **jag har** (hahr)
we are, **vi är** (air)	we have, **vi har** (hahr)
I was, **jag var** (vahr)	I had, **jag hade** (hăh'-der)
we were, **vi var** (vahr)	we had, **vi hade** (hăh'-der)
I have been, **jag har varit**	I have had, **jag har haft**
we have been **vi har varit**	we have had **vi har haft**

* HA is now more commonly used.

31.

1. han var, ni var inte, var de ? 2. vi hade,
hade hon ? jag hade inte ; 3. vi har var-it, har du
var-it ? de har inte var-it ; 4. jag har haft, han
har inte haft, har ni haft ? 5. vem har var-it här ?
var har du var-it ? 6. vi är här, de var inte där ;
7. vilka rum har ni haft ? 8. jag har aldrig var-it
i det här hus-et.

31a.

1. he was, you were not, were they? 2. we had, had
she? I had not; 3. we have been, have you been? they
have not been; 4. I have had, he has not had, have you
had? 5. who has been here? where have you been? 6. we
are here, they were not there; 7. which rooms have you
had? 8. I have never been in this house.

Most Verbs ending in a long (*or* stressed) vowel are irregular, but a few, ending in o, y, or å, have a regular form of conjugation. The terminations are:

r for PRESENT TENSE (sing.).
dde „ PAST TENSE.
tt „ PAST PARTICIPLE.

In the case of Verbs ending in a long vowel, INFINITIVE and STEM are the same. Examples:

INFINITIVE & STEM.	PRESENT TENSE.	PAST TENSE.	PAST PARTICIPLE.
to live } bo	jag **bo-r**	jag **bo-dde**	jag har **bo-tt**
to dwell } boo	boor	bood'-d*er*	boot
to believe **tro**	jag **tro-r**	jag **tro-dde**	jag har **tro-tt**
troo	troor	trood'-d*er*	troot
to sew **sy**	jag **sy-r**	jag **sy-dde**	jag har **sy-tt**
SEE	SEE*r*	SEE'-d*er*	SEEt
to reproach **förebrå**	jag **förebrå-r**	jag **förebrå-dde**	„ **förebrå-tt**
föh'-*rer*-braw	föh'-*rer*-brawr	föh'-*rer*-brod'-*er*	föh'-*rer*-brot

32.

1. jag bo-r här, var bo-dde han ? 2. de har bo-tt i Sverige många år ; 3. jag tro-dde honom, tro-r du vad han säg-er ? 4. de tror oss, vi har alltid tro-tt dem ; 5. hon sy-r, sy-dde ni också ? 6. han förebrå-dde mig, vi förebrår dem inte, de har förebrå-tt oss ; 7. jag hörde honom säga det, vi har ofta hört dig säga det ; 8. de var våra granna-r när vi bo-dde i Upsala.

32a.

1. I live here, where did he live? 2. they have lived in Sweden many years; 3. I believed him, do you believe what he says? 4. they believe us, we have always believed them; 5. she is sewing, were you also sewing? 6. he reproached me, we do not reproach them, they have reproached us; 7. I heard him say so (= it), we have often heard you say so; 8. they were our neighbours when we lived at Upsala.

USEFUL PHRASES.

What is the time?	1	Hur mycket är klockan?
It is eleven o'clock.	2	Klockan är elva.
Is it already twelve o'clock?	3	Är klockan redan tolv?
It is a quarter to three.	4	Klockan är en kvart i tre.
A quarter past four.	5	En kvart över fyra.
Half past five (= half six).	6	Halv sex.
It is just six o'clock.	7	Klockan är precis sex.
Five minutes to seven.	8	Fem minuter i sju.
Ten minutes past eight.	9	Tio minuter över åtta.
My watch is (= goes) slow.	10	Min klocka går efter.
Is (= goes) yours fast?	11	Går er klocka före?
What time is it now?	12	Vad är klockan nu?
I don't know.	13	Jag vet inte.
My watch has stopped.	14	Min klocka har stannat.
Did you forget to wind it?	15	Glömde ni att draga upp den?
How late you are (= come)!	16	Vad ni kommer sent!
Am (= come) I too early?	17	Kommer jag för tidigt?
Do not forget the time.	18	Glöm inte tiden.
Is it already done?	19	Är det redan gjort?
You have worked enough.	20	Ni har arbetat nog.

Imitated Pronunciation of the above Phrases.

1. hur mee'-ket air klock'-kähn?
2. klock'-kähn air el'-väh
3. air klock'-kähn reh'-dähn tolv?
4. klock'-kähn air en kvährt ee treh
5. en kvährt öh'-ver fee'-räh
6. hählv seks
7. klock'-kähn air pres-sees' seks
8. fem mi-nu'-ter ee shu
9. tee'-er mi-nu'-ter öh'-ver ot'-täh
10. min klock'-käh gawr ef'-ter

11. gawr ehr klock'-käh föh'-rer?
12. vahd air klock'-kähn nu?
13. yahg veht in'-ter
14. min klock'-käh hahr stan'-näht
15. Glöhm'-der nee äht drah'-gäh up den?
16. vahd nee kom'-mer sehnt!
17. kom'-mer yahg föhr tee'-digt?
18. glöhm in'-ter tee'-den
19. air det reh'-dan yoort?
20. nee har ähr'-beh-täht noog

Explanatory Notes to the above Phrases.

1. literally, how much is the clock? Note also the idiomatic use of the word **klocka**; it stands for TIME and CLOCK and WATCH.
12. literally, what is the clock now?

EASY READING,

with Imitated Pronunciation and Literal Translation.

Familjen	Bengtsson	bor	i	en	förstad	till
fäh-mil'-yen	bengt'-son	boor	ee	en	föhr'-stahd	til
The	Bengtsson family	live	in	a	suburb	of

Stockholm.	Herr	Bengtsson	är	ämbetsman
stock'-holm	herr	bengt'-son	air	em'-behts-mähn
Stockholm.	Mr.	Bengtsson	is	(a) civil servant

och	hans	hustru	sekreterare	på	ett
ock	hähns	hust'-ruh	sek-reh-teh'-räh-rer	paw	et
and	his	wife	secretary	in	a

advokatkontor.	De	två	barnen,	Erik
ähd-voo-kaht'-ton-toor'	deh	tvaw	bahr'-nen	eh'-rik
firm of lawyers.	The	two	children,	Erik

och	Anna,	går	i	läroverket.
ock	ähn'-näh	gawr	ee	lai'-roo-ver-ket
and	Anna,	go	to	the Grammar School.

Bengtssons	våning	har	fyra	rum.	De
bengt'-sons	vaw'-ning	hahr	fEE'-räh	rum	deh
The Bengtssons'	flat	has	four	rooms.	The

tre	sovrummen	är	små,	men	var-
treh	sawv'-rum-men	air	smaw	men	vahr'-
three	bedrooms	are	small,	but	

dagsrummet	är	stort	med	fönster	åt
dähs-rum-met	air	stoort	mehd	föhn'-ster	awt
the living-room*	is	large,	with	windows	to

två	håll.	Från	det	ena	har	man	en	vid
tvaw	holl	frawn	deht	eh'-näh	hahr	mahn	en	veed
two	sides.	From	the	one	has	one	a	wide

utsikt	över	Mälaren.	Ett	hörn	av
ut'-sikt	öh'-ver	mai'-lähr-en	et	hörhn	ahv
view	across	(Lake) Mälar.	One	corner	of

* Lit.: the everyday room.

rummet	tjänstgör	som	matvrå.		Därifrån
rum'-met	chainst'-yöhr	som	maht'-vraw		dair'-ee-frawn
the room	functions	as	dining-recess.		From there

leder	en	dörr	till	köket,	som	är	litet
leh'-der	en	döhr	til	chöh'-ket	som	air	lee'-tet
leads	a	door	to	the kitchen,	which	is	small

men	praktiskt	inrett	med	skåp	från
men	prăhk'-tiskt	in'-ret	mehd	skawp	frawn
but	practically	equipped	with	cupboards	from

golv	till	tak,	elektrisk	spis	och
golv	til	tahk	e-lekt'-risk	spees	ock
floor	to	ceiling,	electric	cooker	and

rostfri	diskbänk.
rost'-free	disk'-benk
stainless	sink-unit.

Fru	Bengtsson	har	ingen	hjälp	med
frʊ	bengt'-son	hahr	ing'-en	yelp	mehd
Mrs.	Bengtsson	has	no	help	in

att	sköta	hemmet,	och	då	hon	själv
ăht	shöh'-tăh	hem'-met	ock	daw	hoon	shelv
	running	the home,	and	as	she	herself

arbetar	borta	från	nio	till	fem,	måste
ăhr'-beh-tăhr	bor'-tăh	frawn	nee'-oo	til	fem	mos'-ter
works	outside	from	nine	to	five,	must

alla	familjens	medlemmar	hjälpa	till.
ăhl'-lăh	făh-mil'-yens	mehd'-lem-măhr	yel'-păh	til.
all	the family's	members	help	out.

Erik	och	Anna	bäddar	sina	sängar
eh'-rik	ock	ăhn'-năh	bed'-dăhr	see'-năh	seng'-ăhr
Erik	and	Anna	make	their	beds

innan	de	går	till	skolan.	Frukosten
in'-năhn	deh	gawr	til	skoh'-lăhn	fru'-kost-en
before	they	go	to	school.	The breakfast

är	enkel:	surmjölk	eller	flingor,	smör
air	eng'-kel	sʊr'-myöhlk	el'-ler	fling'-oor	smöhr
is	simple:	Sour milk	or	(corn) flakes,	butter

och	bröd,	kaffe.
ock	bröhd,	kahf'-fer.
and	bread,	coffee.

Fru	Bengtsson	gör	sina	inköp	på
frᴜ	bengt'-son	yöhr	see'-näh	in'-chöhp	paw
Mrs.	Bengtsson	does	her	shopping	in

lunchrasten.	Klockan	sex	äter	familjen
lunsh'-rähs-ten.	klock'-kähn	sex	ai'-ter	fäh-mil'-yen
the lunch-break.	At six o'clock		eat	the family

middag.	Efteråt	tycker	herr	och	fru
mid'-dahg.	ef'-ter-awt	tᴇᴇk'-ker	herr	ock	frᴜ
dinner.	Afterwards	like	Mr.	and	Mrs.

Bengtsson	det	är	skönt	att	sitta	i
bengt'-son	deht	air	shöhnt	äht	sit'-täh	ee
Bengtsson	it	is	nice	to	sit	in

lugn	och	ro	och	lyssna	på	radio	och
lungn	ock	roo	ock	lᴇᴇs'-näh	paw	rah'-dioo	ock
peace	and	quiet	and	listen	to the wireless		and

läsa	tidningar.	Ibland	har	de	vänner
lai'-säh	teed'-ning-ähr.	ee-blähnd'	hahr	deh	ven'-ner
read	papers.	Sometimes	have	they	friends

hos	sig,	spelar	bridge	och	bjuder	på
hoos	seeg	speh'-lähr	bridsh	ock	byᴜ'-der	paw
with	them,	play	bridge	and	offer	

en	kopp	te	med	goda	smörgåsar.
en	kop	teh	mehd	goo'-däh	smöhr'-gaw-sahr.
a	cup (of)	tea	with	nice	sandwiches.

Någon	gång	går	de	på	teatern.	Erik
naw'-gon	gong	gawr	deh	paw	teh-ah'-tern	eh'-rik
Sometimes		go	they	to	the theatre.	Erik

och	Anna	går	ofta	på	bio	och
ock	ähn'-näh	gawr	of'-täh	paw	bee'-oo	ock
and	Anna	go	often	to	the cinema	and

ibland	på	bjudningar	hos	sina	kamrater.
ee-blähnd'	paw	byᴜd'-ning-ähr	hoos	see'-näh	kahm-rah'-ter.
sometimes	to	parties	with	their	friends.

En turist strövade i ett tavelgalleri i
en tu-rist' ströh'-väh-der ee et tah'-vel-gühl-ler-ee ee
A tourist strolled in a picture gallery in

Florens. Han tycktes särskilt intresserad av att
flaw'-rens hahn teek'-tes sair'-shilt in-tres-seh'-rähd ahv äht
Florence. He seemed particularly interested (of) to

iaktta de unga konststuderande som var
ee'-ähkt-tah deh ung'-äh konst'-stu-deh'-rähn-der som vahr
observe the young art students who were

sysselsatta med att kopiera gamla
sees'-sel-säht-täh mehd äht ko-pee-eh'-räh gähm'-läh
occupied with copying old

mästerverk. Efter en stunds tvekan
mes'-ter-verk ef'-ter en stunds tveh'-kähn
masterpieces. After a moment's hesitation

smög han sig fram till en av dem
smöhg hähn seeg frähm til en ahv dem
stole he himself up to one of them

och viskade : "Säg mig en sak. Vad
ok vis'-käh-der saig meeg en sahk vahd
and whispered: "Tell me one thing. What

gör de med de gamla tavlorna när
yöhr deh mehd deh gähm'-läh tahv'-loor-näh nair
do they with the old pictures when

de nya är färdiga ?"
deh nee'-äh air fair'-dig-äh
the new (ones) are ready?"

"Hur gammal är du, min gosse ?"—"Jag
hur gähm'-mähl air du min gos'-ser? yagh
"How old are you, my boy?" — "I

är tio år!"—"Och är du den äldsta
air tee'-er awr! ock air du den el'-stäh e
am ten (years)!"—"And are you the eldest of (=in)

familjen ?"—"Nej, min far är äldre."
fäh-mil'-yen ney min fahr air el'-drer
the family?" — "No, my father is older."

NINTH LESSON.

town	**stad**	plural	**städer**		price	**pris** n. (prees)
	stahd		stai'-der		train	**tåg** n. (tawg)
garden	**trädgård**	„	**trädgårdar**			
	trai'-gawrd		trai'-gawr-dähr		time	**tid** (teed)

railway-station **järnvägsstation** (yairn'-vaig-stäh-shohn')

		Pres.			Pres.
TO WAIT	⎱ **vänta**	**väntar**	TO	⎰ **fråga**	**frågar**
					fraw'-gäh, fraw'-gähr
TO EXPECT	⎰ vain'-täh	vain'-tähr	ASK	⎱ **be, bedja***
					beh, bed'-yäh

* TO ASK in the sense of TO BEG or PRAY is rendered by **be**. The Present Tense is **ber**. **Bedja** is an older form now rarely used.

NOTE that in future the terminations will no longer be hyphened to the words, except in the case of verb-endings, which will be hyphened where explained for the first time. In the exercises, all words will appear as normally written.

33.

1. Jag väntar på tåget. 2. Väntar ni edra vänner idag? 3. Vi har varit vid järnvägsstationen. 4. Har ni inte haft tid att vänta på dem? 5. Han frågar efter priset på biljetterna. 6. Är Stockholm en vacker stad? 7. Det är många vackra städer i Sverige. 8. Hon bad oss att komma ut i trädgården. 9. Vi väntade två dagar på henne. 10. De frågade mig hur mycket klockan var.

33a.

1. I am waiting for the train. 2. Do you (plur.) expect your friends to-day? 3. We have been to the (railway) station. 4. Have you (plur.) not had time to wait for them? 5. He is asking the price of the tickets. 6. Is Stockholm a beautiful town? 7. There are many fine towns in Sweden. 8. She asked (= begged) us to come into the garden. 9. We waited two days for her. 10. They asked me what the time was (= how much the clock was).

56   HUGO'S SWEDISH GRAMMAR SIMPLIFIED

concert	konsert	Plural. konserter	to knock	knacka	Pres. takes ar
	kon-sair'	kon-sair'-er		knăhk'-kăh	
door	dörr	dörrar	to open	öppna	„ ar
	döhr	döhr'-răhr		öhp'-năh	
window	fönster (n.)	fönster	to shut	stänga	„ er
	föhn'-ster	föhn'-ster		steng'-ăh	
shop	butik	butiker	to meet	möta	„ er
	bu-teek'	bu-tee'-ker		möh'-tăh	

34.

1. Jag köpte boken i den här butiken. 2. Läste du det i tidningen ? 3. Han mötte oss på konserten. 4. Vem knackade på dörren ? 5. Jag tänkte på dig då jag var där. 6. Hon lovade att möta dem. 7. Vi bodde många år i Sverge. 8. Stängde ni fönstret ?

34a.

1. I bought the book in this shop. 2. Did you read it in the newspaper? 3. He met us at the concert. 4. Who knocked at the door? 5. I thought of you when I was there. 6. She promised to meet them. 7. We lived many years in Sweden. 8. Did you shut the window?

35.

1. Jag öppnade dörren. 2. Han har stängt dörrarna men har inte öppnat fönstren. 3. Vi talade ofta om det. 4. Han har inte frågat efter mitt brev. 5. Tåget är sent, alla tågen är sena idag. 6. Stänger de butikerna tidigt här ? Ja, det tror jag. 7. Jag möter alltid många vänner, när jag reser till staden.

35a.

1. I opened the door. 2. He has shut the doors, but has not opened the windows. 3. We often spoke about it. 4. He has not asked for (= after) my letter. 5. The train is late, all the trains are late to-day. 6. Do they close (= shut) the shops early here? Yes, I think (= believe) so. 7. I always meet many friends, when I go (= travel) to the town

The CONJUGATION of the following important IRREGU-
LAR VERBS should be carefully studied.

INFINITIVE.	STEM.	PRESENT TENSE.	PAST TENSE.	PAST PARTICIPLE
to come,	komma	kom	kommer	kom	kommit
	kom'-măh	kom	kom'-mer	kom	kom'-mit
to do,	göra	gör	gör	gjorde	gjort
	yöh'-răh	yöhr	yöhr	yoor'-der	yoort
to give, {	ge	ge	ger	gav	gett
	giva	giv	giver	gav	givit
	yeh	yeh	yehr	gahv	yet
	yee'-văh	yeev	yee'-ver		yee'-vit
to go }	gå	gå	går	gick	gått
to walk	gaw	gaw	gawr	yik	gott
to say }	säga	säg	säger	sade	sagt
to tell	sai'-găh	saig	sai'-guer	sah'-der	sähkt
to see,	se	se	ser	såg	sett
	seh	seh	sehr	sawg	sett
to stand,	stå	stå	står	stod	stått
	staw	staw	stawr	stood	stott
to write,	skriva	skriv	skriver	skrev	skrivit
	skree'-văh	skreev	skree'-ver	skrehv	skree'-vit

to understand, **förstå** (föhr'-staw), conjugated like **stå**.

N.B.—See special note on verb plural forms on page 134.

36.

1. jag gör det, de gör det inte ; 2. går du till
honom ? vi går inte till dem ; 3. han står där, de
står här ; 4. hon ser dig, de ser oss ; 5. jag gjorde
det, de gjorde det också ; 6. han gick till henne,
vi gick till dig ; 7. hon förstod mig, ni förstod
oss inte ; 8. du såg mig, såg de oss ? 9. jag har
gjort det, de har inte gjort det ; 10. han har gått
hem, vi har inte gått till dem ; 11. hon har
förstått er, har ni förstått oss ? 12. du har sett
mig, vi har inte sett dem.

36a.

1. I do it, they do not do it; 2. are you going to him?
we are not going to them; 3. he stands there, they stand

here; 4. she sees you, they see us; 5. I did it; they did it also; 6. he went to her, we went to you; 7. she understood me, you did not understand us (= understood us not); 8. you saw me, did they see us? 9. I have done it, they have not done it; 10. he has gone home, we have not gone to them; 11. she has understood you, have you understood us? 12. you have seen me, we have not seen them.

In Swedish, the FUTURE TENSE of all Verbs is formed with **skall** (skähl), SHALL, followed as in English by the Principal Verb in the Infinitive. In conversation, **ska** (skäh) is frequently used instead of **skall**.

N.B.—The future is often formed with the expression **"komma att"** (lit., to come to do something) plus the Principal Verb in the Infinitive.

The CONDITIONAL is formed in the same way, with **skulle** (skul'-ler), SHOULD. Examples:

I shall come	**jag skall komma**
we shall come	**vi skall komma**
he will not be there	**han kommer inte att vara där**
do you think she will sign the letter?	**tror du hon kommer att skriva under brevet?**
I *or* we should come	**jag** *or* **vi skulle komma**

37.

1. jag skall inte gå ; 2. skall han skriva till oss ? 3.vi kommer inte att ha tid till det ; 4. vad skall ni säga till dem ? 5. han skall vara här imorgon ; 6. de skall tala med hans fader (or far) ; 7. vi skall bo i staden ; 8. skall du ge pengarna till mannen ? 9. skulle jag ha betalat för bagaget ? 10. de skulle ha stängt dörren.

37a.

1. I shall not go; 2. will he write to us? 3. we shall not have time for it; 4. what will you say to them? 5. he will be here to-morrow; 6. they will speak to his father; 7. we shall live in (the) town; 8. will you give the money to the man? 9. should I have paid for the luggage? 10. they should have shut the door.

USEFUL PHRASES.

What is your name?	1	Vad är ert namn?
My name is ...	2	Mitt namn är ...
Do as you like (= will).	3	Gör som ni vill.
Whom have you seen?	4	Vem har ni sett?
What did you say?	5	Vad sa ni?
Certainly not.	6	Säkert inte.
It is quite (= very) possible.	7	Det är mycket möjligt.
You are mistaken.	8	Ni tar fel.
It depends on circumstances.	9	Det beror på förhållandena.
You may (= can) trust me.	10	Ni kan lita på mig.
I have no objection.	11	Jag har ingenting emot det.
You ought to have gone.	12	Ni borde ha gått.
I do not doubt it.	13	Det tvivlar jag inte på.
Listen to me!	14	Hör på mig!
I am all attention.	15	Jag är idel öra.
Look here! Look at him!	16	Se här! Se på honom!
It is incredible. [joke.	17	Det är otroligt.
He does not understand a	18	Han förstår inte ett skämt.
What a misfortune!	19	Vilken olycka!
Please fetch my hat.	20	Var snäll och hämta min hatt.

Imitated Pronunciation of the above Phrases.

1. vahd air ehrt năhmn?
2. mit năhmn air ...
3. yöhr som nee vil
4. vem hahr nee set?
5. vahd sah nee?
6. sai'-kert in'-ter
7. det air mEE'-ket möhy'-ligt
8. nee tahr fehl
9. det be-roor' paw föhr-hol'-lähn-der-näh
10. nee kăhn lee'-tăh paw meeg
11. yahg hahr ing'-en-ting e-moot' det
12. nee boor'-der hah got
13. det tvee'-vlähr yahg in'-ter paw
14. höhr paw meeg!
15. yahg air ee'-del öh'-răh
16. seh hair! seh paw ho'-nom!
17. det air oo'-troo-ligt
18. hăhn föhr-stawr' in'-ter et shemt
19. vil'-ken oo'-lEE-kăh!
20. vahr snel ock hem'-tăh min hăht

Explanatory Notes to the above Phrases.

8. literally: you take fault; 11. lit., I have nothing against it; 15. lit., I am purely ears; 20. lit., be good and fetch my hat.

EASY READING,
with Imitated Pronunciation and Literal Translation.

Bengtssons har en sportstuga ute i
bengt'-sons hahr en spot'-stu-gäh ut'-er ee
The Bengtssons have a cottage out in

skärgården. Nästan varje lördag och söndag
shair'-gawr-den nes'-tähn vähr'-yer löhr'-dahg ock söhn'-dahg
the archipelago. Almost every week-end (lit. Sat'day & Sunday)

från april till oktober far de dit, och
frawn ähp-ril' til ok-too'-ber fahr deh deet ock
from April to October go they there and

naturligtvis bor de där under herr och fru
näh-tur'-likt-vees boor deh dair un'-der herr ock fru
naturally stay they there during Mr. and Mrs.

Bengtssons semester på sommaren. Två
bengt'-sons se-mes'-ter paw som'-mäh-ren tvaw
Bengtsson's holiday in the summer. Two

timmar tar resan ditut med den vita
tim'-mähr tahr reh'-sähn deet-ut' mehd den vee'-täh
hours takes the journey out there by the white

skärgårdsbåten. Den glider genom smala
shair'-gawrds-baw'-ten den glee'-der yeh'-nom smah'-läh
coastal steamer. It glides through narrow

sund, över allt bredare fjärdar, längs
sund öh'-ver ählt breh'-däh-rer fyair'-dähr lengs
straits, across ever wider firths, along

skogiga stränder klädda med tall och
skoo'-gig-äh stren'-der kled'-dah mehd tähl ock
wooded shores clad with pinetrees and

björk, förbi sandstränder och klippor.
byöhrk föhr-bee' sähnd-stren'-der ock klip'-poor
birches, past sandy beaches and rocks.

Den lägger till vid otaliga bryggor, och
den leg'-ger til veed oo-tah'-lig-äh bree'-goor ock
It puts to at innumerable jetties, and

överallt	strömmar	folk	iland	lastade	med
öh'-ver-ählt	ströhm'-måhr	folk	ee-lähnd'	lähs'-täh-der	mehd
everywhere	pour	people	ashore	laden	with

väskor,	korgar	och	paket.		
vais'-koor	kor'-yåhr	ock	påh-keht'		
suit-cases,	baskets	and	parcels.		

Bengtssons	har	en	liten	båt	och	ror
bengt'-sons	hahr	en	lee'-ten	bawt	ock	roor
The Bengtssons	have	a	small	boat	and	row

ofta	ut	och	fiskar.	Om	morgnarna	går	de
of'-täh	ut	ock	fis'-kåhr	om	mawr'-nähr-nah	gawr	deh
often	out	and	fish.	In	the mornings	go	they

ner	till	bryggan	och	tar	ett	dopp	före
nehr	til	brЕЕg'-gåhn	ock	tahr	et	dop	föh'-rer
down	to	the pier	and	take	a	dip*	before

frukost.	Erik	och	Anna	är	gärna	i	vattnet
fru'-kost	eh'-rik	ock	ähn'-näh	air	yair'-näh	ee	väht'-net
breakfast.	Erik	and	Anna	are	willingly†	in the water	

hela	dagarna	när	det	är	varmt.	Deras
heh'-läh	dah'-gåhr-näh	nair	det	air	våhrmt	deh'-råhs
all	day	when	it	is	warm.	Their

kusiner,	som	bor	vid	Västkusten	om
ku-see'-ner	som	boor	veed	vest-kus'-ten	om
cousins,	who	live	on	the West coast	in

sommaren,	tycker	inte	att	vattnet	i
som'-mäh-ren	tЕЕk'-ker	in'-ter	äht	väht'-net	ee
the summer,	think	not	that	the water	in

Östersjön	är	tillräckligt	salt.	"Men	vi	har
Öhs'-ter-shöhn	air	til'-rek-likt	sählt	men	vee	hahr
the Baltic	is	sufficiently	salty.	"But	we	have

åtminstone	inga	maneter,"	svarar	Anna,
awt-min'-stoh-ner	ing'-äh	måh-neh'-ter	svah'-råhr	ähn'-näh
at least	no	jellyfish,"	answers	Anna,

förolämpad.	I	skogen	på	ön	växer	det
föhr'-oo-lem-påhd	ee	skoo'-gen	paw	öhn	vex'-er	deht
offended.	In	the wood	on	the island	grows	there

* = swim.   † = like to be.

rikligt med svamp och lingon. Hela familjen
reek'-likt mehd svähmp ock ling'-on heh'-läh fäh-mil'-yen
plenty of mushrooms and cranberries. The whole family

ger sig ut och plockar på söndagarna
yehr seeg ut ock plock'-kähr paw söhn'-dah-gähr-näh
go out and pick (them) on Sundays

under hösten, och sedan hjälps de åt
un'-der höhs'-ten ock seh'-dähn yelps deh awt
during the autumn, and then help they one

att sylta lingonen och konservera
äht sɛɛl'-täh ling'-on-en ock kon-ser-veh'-räh
another to preserve the cranberries and bottle

svampen. Ibland händer det också att
svähm'-pen. Ee-blähnd' hen'-der deht ock'-saw äht
the mushrooms. Sometimes happens it, too, that

Far drar upp så många gäddor att
fahr drahr up saw mawng'-äh yed'-door äht
Father pulls up so many pike that

det räcker* till konservering.
deh rek'-ker til kon-ser-veh'-ring.
there is enough for bottling.
* räcka, to suffice, to be enough.

En man ringde polisen sent en natt.
en mähn ring'-der poo-lee'-sen sehnt en näht
A man phoned the police late one night.

"Jo, jag ska be att få anmäla att en
yoo, yahg skah beh äht faw ähn'-mai-läh äht en
"I say, I want to report* that a

massa saker har stulits från min bil.
mähs'-säh sah'-ker hahr stu'-lits frawn min beel
heap of things have been stolen from my car.

Jag parkerade den här vid Fridhemsplan
yahg pähr-ken'-räh-der den hair veed freed'-hems-plahn
I parked it here at Fridhemsplan

vid 9-tiden, och nu när jag skulle starta
veed nee'-oo-tee'-den ock nu nair yahg sku'-ler stahr'-täh
about nine o'clock and now when I wanted to start
* lit.: I shall ask to be allowed to report.

den	fattas	ratten,	växelspaken,
den	fäht'-tähs	räht'-ten	vex'-el-spah-ken
her	there are missing	the steering-wheel,	the gear-lever,

kopplingen,	hand	och	fotbromsen	och	gaspedalen."
kop'-ling-en	hähnd	ock	foot'-brom-sen	ock	gahs'-pe-dah-len
the clutch,	hand	and	foot brake	and	accelerator."

Polisen	lovade	att	vara	på	platsen	inom
Poo-lee'-sen	law-väh-der	äht	vah'-räh	paw	pläht-sen	in'-om
The police	promised	to	be	on	the spot	within

fem	minuter.	Men	strax	efteråt	kom
fem	min'-u-ter	men	strähx	ef'-ter-awt	kom
five	minutes.	But	soon	afterwards	(there) came

en	ny	telefonpåringning	från	samma	man.
en	nEE	te-le-fawn'-paw-ring-ning	frawn	sähm'-mäh	mähn
a	new	telephone call	from	the same	man.

Han	lät	nu	inte	fullt	så	upphetsad	men
hähn	lait	nu	in'-ter	fult	saw	up'-het-sähd	men
He sounded	now	not	quite	so	agitated	but

hade	fått	hicka.
häh'-der	fot	hik'-käh
had	got	(the) hiccups.

"Jag	skulle	bara	tala	om	att	ni	behöver
yahg	skul'-ler	bah'-räh	tah'-läh	om	äht	nee	be-höh'-ver
"I	want	just	to tell (you)	that	you		need

inte	komma.	Det	var	så	att	jag	gjorde
in'-ter	kom'-mäh	deht	vahr	saw	äht	yahg	yoor'-der
not	come.	It	was	so*	that	I	made

ett	misstag	och	steg	in	i	baksätet.	Jag	ber
t	mis'-tahg	ock	stehg	in	ce	bahk'-sai-tet	yahg	behr
a	mistake	and	got	into	the back seat.		I	beg

så	väldigt	mycket	om	ursäkt."
aw	vel'-dikt	mEEk'-et	om	ur'-sekt
o	very	much†	your	pardon."

* = what happened is.   † = I do beg.

TENTH LESSON.

The following Verbs (AUXILIARIES OF MOOD) are very
simple in Swedish, but as there are several ways of trans-
lating them into English, they should be specially noted.

kunna (kun'-năh)	CAN, TO BE ABLE TO
böra (böh'-răh)	OUGHT TO, HAVE TO, ARE TO
få (faw)	MAY, TO BE ALLOWED TO
måste (mo'-ster)	MUST, TO BE OBLIGED TO

CONJUGATION OF kunna, böra and få.

INFINITIVE.	PRESENT.	PAST.	PAST PARTICIPLE
CAN, **kunna**	**kan**	**kunde**	**kunnat**
kun'-năh	kăhn	kun'-der	kun'-năht
OUGHT, **böra**	**bör**	**borde**	**bort**
böh'-răh	böhr	boor'-der	boort
MAY, **få**	**får**	**fick**	**fått**
faw	fawr	fik	fot

måste, MUST, is invariable, as in English.

The Verb used with these Auxiliaries is generally in the
Infinitive. Examples:

kunna

SINGULAR.	PLURAL.
jag kan gå, I can go	**vi kan gå**, we can go
jag kunde gå, I could go	**vi kunde gå**, we could go
jag har kunnat gå,	**vi har kunnat gå**,
I have been able to go	we have been able to go

böra

jag bör gå, I ought to go	**vi bör gå**, we ought to go
jag borde gå, I had to go	**vi borde gå**, we had to go
jag har bort gå, I have had to go	**vi har bort gå**, we have had to go

få

jag får gå, I may go	**vi får gå**, we may go
jag fick gå, I was allowed to go	**vi fick gå**, we were allowed to go
jag har fått gå,	**vi har fått gå**,
I have been allowed to go	we have been allowed to go

The Past Participle of these verbs is seldom used.

38.

1. jag kan betala ; 2. kunde de inte se ? 3. hon måste gå nu ; 4. de får inte göra det ; 5. jag kunde förstå det ; 6. kan de inte skriva det ? 7. bör jag säga det ? 8. ni bör fråga efter det ; 9. han fick inte se honom ; 10. de fick läsa det ; 11. vi har kunnat göra det ; 12. ni borde ha väntat på oss.

38a.

1. I can pay; 2. could they not see? 3. she must go now; 4. they are not allowed to do it; 5. I could understand it; 6. can they not write it? 7. ought I to say it? 8. you ought to ask for it; 9. he was not allowed to see him; 10. they were allowed to read it; 11. we have been able to do it; 12. you ought to have waited for us.

THE COMPARISON OF ADJECTIVES.

In Swedish, the Comparative of most Adjectives is formed by adding **are** (äh'-rer) to the ordinary (or Positive) form, and the Superlative by adding **ast** (ăhst).

Examples:

POSITIVE.	COMPARATIVE.	SUPERLATIVE.
easy, **lätt** let	easier, **lättare** let'-tăh-rer	easiest, **lättast** let'-tăhst
cheap, **billig** bil'-lig	cheaper, **billigare** bil'-lee-găh-rer	cheapest, **billigast** bil'-lee-găhst
happy, **lycklig** lɛɛk'-lig	happier, **lyckligare** lɛɛk'-lee-găh-rer	happiest, **lyckligast** lɛɛk'-lig-ăhst
merry, **glad** glahd	merrier, **gladare** glah'-dăh-rer	merriest, **gladast** glah'-dăhst
rich, **rik** reek	richer, **rikare** reek'-äh-rer	richest, **rikast** reek'-ăhst

In regular Comparisons, the Superlative takes a final **e** when preceded by a Determinative (*den, det, de, min, hans,* etc.), whether used with the Noun or without it, as:

the newest book	**den nyaste boken**
his (book) is the newest	**hans** (bok) **är den nyaste**
the cheapest house	**det billigaste huset**
this (house) is the cheapest	**det här** (huset) **är det billigaste**

39.

1. en kort dag, kortare dagar, den kortaste dagen ; 2. det här är lätt, är det där lättare ? vilket är det lättaste ? 3. han är rik, de är rikare, vem är den rikaste ? 4. det lyckligaste barnet, lyckligare barn ; 5. glada gossar, de gladaste gossarna och flickorna ; 6. dyrare böcker, billigare hus, nyare gator.

39a.

1. a short day, shorter days, the shortest day; 2. this is easy, is that easier? which is the easiest? 3. he is rich, they are richer, who is the richest? 4. the happiest child, happier children; 5. merry boys, the merriest boys and girls; 6. dearer books, cheaper houses, newer streets.

Adjectives ending in **el, en, er,** drop the **e** of final syllable, before adding the terminations **are** and **ast(e).**

POSITIVE.	COMPARATIVE.	SUPERLATIVE.
noble, **ädel**	nobler, **ädlare**	noblest, **ädlast**
ai'-del	aid'-läh-r*er*	aid'-lähst
dull, **mulen**	duller, **mulnare**	dullest, **mulnast**
mul'-en	mul'-näh-r*er*	mul'-nähst
brave, **tapper**	braver, **tapprare**	bravest, **tapprast**
tähp'-per	tähp'-räh-r*er*	tähp'-rähst

40.

1. en ädel handling,* ädlare handlingar, de ädlaste handlingarna ; 2. en tapper man, inga tapprare män, den tappraste mannen ; 3. en mulen dag, mulnare veckor, de mulnaste månaderna ; 4. årets lyckligaste dag, många lyckligare år ; 5. vackrare blommor, de vackraste blommorna.

* deed, action (hähnd'-ling)

40a.

1. a noble deed, nobler deeds, the noblest deeds; 2. a brave man, no braver men, the bravest man; 3. a dull day,

duller weeks, the dullest months; 4. the happiest day of
the year (= the year's happiest day), many happier years;
5. prettier flowers, the prettiest flowers.

than	än	amusing	rolig
	en		roo'-lig
still, yet	ännu	industrious	flitig
	en'-nu		flee'-tig

41.

1. Den här gossen är gladare än du. 2. Hon är
den gladaste flickan jag känner. 3. Han är en
ädlare man än jag trodde. 4. Vilken av gossarna
är den flitigaste ? 5. Hon är flitigare än sin bror.
6. Han är mycket rolig, hon är ännu roligare, de
är de roligaste människorna.

41a.

1. This boy is merrier than you (are). 2. She is the
merriest girl (that) I know. 3. He is a nobler man than I
thought (believed). 4. Which of the boys is the most in-
dustrious? 5. She is more industrious than her brother.
6. He is very amusing, she is still more amusing, they are
the most amusing people.

In Comparisons, AS ... AS or JUST AS ... AS is rendered by
lika ... som; NOT AS ... AS is rendered by **inte så ... som.**
(lee'-käh ... som)   (in'-ter saw ... som)

as large as yours   **lika stor som din**
not as large as mine   **icke så stor som min**

42.

1. Han är inte så rik som sin bror. 2. Min pipa
är lika god som din. 3. Är er väska lika ny som
min ? 4. Det är inte så lätt som de sade.

42a.

1. He is not as rich as his brother. 2. My pipe is as
good as yours. 3. Is your bag as new as mine? 4. It is not
as easy as they said.

USEFUL PHRASES.

You must begin now.	1	Ni måste börja nu.
I cannot begin to-day.	2	Jag kan inte börja idag.
Ought I to do it?	3	Bör jag göra det?
I shall pay this.	4	Jag skall betala detta.
Could you not pay it?	5	Kunde ni inte betala det?
Will he sell the house?	6	Skall han sälja huset?
He is going to (= will) sell it.	7	Han skall sälja det.
Who would buy it?	8	Vem ville köpa det?
She must not wait for us.	9	Hon skall inte vänta på oss.
We ought to go now.	10	Vi bör gå nu.
He started (for) an hour ago.	11	Han reste för en timme
When do you start (= go)?	12	När reser ni? [sedan.
I cannot understand it.	13	Jag kan inte förstå det.
You may not smoke here.	14	Ni får inte röka här.
May we smoke there?	15	Får vi röka där?
How soon can you do it?	16	Hur snart kan ni göra det?
I could not help it.	17	Jag kunde inte hjälpa det.
It was not my fault.	18	Det var inte mitt fel.
I am sorry that I cannot come.	19	Jag är ledsen, att jag inte kan komma.

Imitated Pronunciation of the above Phrases.

1. nee mo'-ster böhr'-yäh nu
2. yahg kähn in'-ter böhr'-yäh ee-dahg'
3. böhr yahg yöh'-räh det?
4. yahg skähl be-tah'-läh det'-täh
5. kun'-der nee in'-ter be-tah'-läh det?
6. skähl hähn sel'-yäh hus'-et?
7. han skähl sel'-yäh det
8. vem vil'-ler chöh'-päh det?
9. hoon skähl in'-ter ven'-täh paw oss
10. vee böhr'-der gaw nu

11. han rehs'-ter föhr en tee'-mer
12. nair reh'-ser nee? [seh'-dan
13. yahg kähn in'-ter föhr-staw' det
14. nee fawr in'-ter röh'-käh hair
15. fawr vee röh'-käh dair?
16. hur snahrt kähn nee yöh'-räh det?
17. yahg kun'-der in'-ter yel'-päh det
18. det vahr in'-ter mit fehl
19. yahg air les'-sen, äht yahg in'-ter kähn kom'-mäh

Explanatory Notes to the above Phrases.

4. **detta, denna, dessa** (this, these) are often used in writing, instead of **det här, den här, de här,** which are the usual conversational forms.

EASY READING,

with Translation into English, and Imitated Pronunciation of difficult words.

The words imitated are marked 1, 2, 3, etc., to correspond with figures below.

Det är en kväll i november.
Anna och Erik är färdiga med läxorna och disken och sitter kvar i köket och pratar.
"Fem veckor kvar till jul", säger Anna. "Att man inte kan få tiden att gå fortare."
"Jag trodde du hade så hemskt bråttom att bli färdig med dina julklappar", säger Erik spydigt.
"Ja, det förstås, men tiden går lika sakta för det. Om det åtminstone ville bli snö och frost till jul. Jag avskyr[1] när det regnar på julafton. Och om det blir snö får vi åka släde till julottan, har Morfar sagt."
"Uppriktigt sagt så längtar jag mera till februarilovet för då kan man vara säker på att få åka skidor."
"Åka skidor är visst det bästa du vet. Tacka vet jag att bada. Jag längtar till sommaren, jag. Ja, och så till våren. Finns det något mera spännande än när vi far ut till stugan till påsk och röjer upp och ser efter om det kommit några blåsippor ?"
"Och fryser och inte kan få eld i spisen. Och båten läcker och det regnar in i köket."
"Ja, allt det där kan man väl stå ut med när man har sommaren framför sig. Tycker du att vi ska ha en egen majstång[2] nästa år ? Jag skulle vilja binda en med bara vilda blommor."

"Du kommer då med svåra problem. Hur
skulle det vara om du sydde färdigt dina julklappar
först och gjorde planer för midsommar[3] sedan ? "

1 ahv'-shEEr;   2 mah'-ee-stong;   3 meed'-som-mahr.

It is an evening in November.

Anna and Erik have finished their homework and washing
up and remain chatting in the kitchen.

"Another five weeks till Christmas," says Anna. "Fancy
that one can't make the time go faster."

"I thought you were in such a hurry to finish your
Christmas presents," says Erik, sarcastically.

"Yes, of course, but time goes just as slowly all the same.
If at least there would be snow and frost at Christmas time.
I hate it when it rains on Christmas Eve. And if there is
snow we shall be allowed to go by sledge to Christmas
Morning service, Grandfather has said so."

"Quite frankly, I am looking forward more to the Febru-
ary holiday, because then you can be sure of being able to
ski."

"Ski-ing is apparently your best fun. With me, it is
bathing. I look forward to the summer, for my part. Yes,
and to the spring. Is there anything more exciting than
when we go out to the cottage at Easter and clear up and
look if any anemones have come up?

"And are cold, and can't get the fire to burn in the stove.
And the boat leaks, and it rains in the kitchen."

"Yes, surely one can put up with all that when summer is
ahead. Do you think we should have a maypole of our own
next year? I should like to wind one with wild flowers
only."

"What difficult problems you are raising. What about
you finishing your Christmas presents first and making
plans for Midsummer afterwards?"

En yngling lämnade in ett recept¹ på apoteket²
Svanen. Biträdet³ fäste sig vid en egendomlighet⁴
i receptet och ringde läkaren som skrivit ut det.
Det visade sig att läkaren hade vägrat den unge
mannen den drog⁵ han begärde och att denne hade
förfalskat⁶ receptet.
Vad var det då som kom biträdet att fatta
misstankar ? Handstilen var alldeles för läslig.

1 re-sept';   2 ah-poo-teh'-ket;   3 bee'-trai-det;   4 eh'-
guen-doom-lig-heht;   5 drawg;   6 föhr-fahlsk'-äht.

A young man handed in a prescription at the "Swan",*
the chemist's. The assistant noticed a peculiarity in the
prescription and rang the doctor who had issued it. It
appeared that the doctor had refused the young man the
drug he was asking for and that the latter had faked the
prescription.
What was it, then, that made the assistant suspicious?
The handwriting was far too legible.

* In Sweden chemists' shops usually bear the name of an animal.

Skåningarna,¹ invånarna i Sveriges sydligaste
landskap, är kända för att leva gott och inte
överanstränga² sig. Följande yttrande³ av en
skånsk bonde har blivit ett slagord :
"Tänk vad livet är för en börda ! Rätt vad man
ligger där och har det gott skall man upp och ha
mat."

1 skaw'-ning-ähr-näh;   2 öh'-ver-ähn-streng-äh;   3 EEt'-
rähn-der.

The Scanians, inhabitants of Sweden's southernmost
province, are known for their good living and for not over-
working themselves. The following pronouncement by
a Scanian farmer has become proverbial:
"Fancy what a burden life is! As one is lying there
taking things easy one must get up and eat."

ELEVENTH LESSON.

The IMPERATIVE of most Swedish Verbs is the same as
the STEM of the verb, but verbs which take **ar** in the
Present Tense, add **a** to the Stem.   In this latter case,
therefore, the IMPERATIVE is the same as the INFINITIVE
of the Verb.   Examples:

köp! buy!   **ge!** give!   **sälj!** sell!   **tala!** speak!   **vänta!** wait!
chöhp!   geh!   selhg!   tah'-läh!   ven'-täh!

For verbs with termination **ar**, see Lists of Verbs.

43.

1. tala till mig, tala inte till honom ;   2. köp
det här, köp inte det där ;   3. gå med honom, gå
inte med dem ;   4. vänta på mig, vänta inte på
oss ;   5. fråga dem, fråga mig inte ;   6. skriv inte
brevet, skriv det ;   7. ge boken till mig, ge den till
henne ;   8. sälj böckerna, sälj inte den här boken
(or denna bok) ;   9. kom idag, kom inte imorgon ;
10. betala inte männen, betala dem.

43a.

1. speak to me, do not speak to him;   2. buy this, do
not buy that;   3. go with him, do not go with them;   4.
wait for me, do not wait for us;   5. ask them, do not ask
me;   6. do not write the letter, write it;   7. give the book
to me, give it to her;   8. sell the books, do not sell this
book;   9. come to-day, do not come to-morrow;   10. do
not pay the men, pay them.

to know	**veta**	to listen to	**höra på**	impossible	**omöjlig**
(a fact)	veh'-täh		höh'-räh paw		oo'-möh-ee-lig
to know	**känna**	to receive	**mottaga**	everybody	**var och en**
(a person)	chen'-näh		moo'-täh-gäh		vahr ock en
to take	**taga**	difficult	**svår**	somebody ⎫	**någon**
	tah'-gäh		svawr	anybody ⎭	naw'-gon
to get	**få**	possible	**möjlig**	nobody	**ingen**
	faw		möh'-ee-lig		ing'-en

if **om, ifall** (om, ee-fähl')

For Conjugation of Verbs, see Lists of Verbs, page 129

44.

1. Hör på vad jag säger. 2. Ingen hörde på honom. 3. Gör det nu, om det är möjligt. 4. Det är omöjligt att läsa det här brevet. 5. Känner du någon i den här staden ? 6. Jag har mottagit ert brev. 7. Det är inte lätt att tala svenska ; det är svårt. 8. Får du många brev från dem ? 9. Var och en borde veta det. 10. Någon måste ha sett det. 11. Ifall ni går, går jag också.

44a.

1. Listen to what I say. 2. Nobody was listening to him. 3. Do it now, if (it is) possible. 4. It is impossible to read this letter. 5. Do you know anybody in this town? 6. I have received your letter. 7. It is not easy to speak Swedish; it is difficult. 8. Do you get many letters from them? 9. Everybody ought to know that. 10. Somebody must have seen it. 11. If (= in case) you go, I shall go also.

| lesson | läxa
lek'-säh | plural | läxor
lek'-soor | way | väg
vaig | plural | vägar
vai'-gähr |
| watch | klocka
klock'-käh | „ | klockor
klock'-koor | word | ord (n.)
oord | „ | ord
oord |

45.

1. Kan du inte lära dig den här lätta läxan ? 2. Jag kunde inte förstå de där svåra orden. 3. Har du en bra klocka ? 4. De här klockorna är inte bra. 5. Vet du vägen till staden ? 6. Det där är den kortaste vägen. 7. Orden var inte svåra att läsa.

45a.

1. Can you not learn this easy lesson? 2. I could not understand those difficult words. 3. Have you a good watch? 4. These watches are not good. 5. Do you know the way to the town? 6. That is the shortest way. 7. The words were not difficult to read.

The following Adjectives are Irregular in the Comparison.

POSITIVE.		COMPARATIVE.		SUPERLATIVE.	
good {	bra god brah, good	better	bättre bet'-trer	best	bäst best
bad	dålig daw'-lig	worse {	sämre värre sem'-rer, ver'-rer	worst {	sämst värst semst, verst
old	gammal gähm'-mähl	older } elder }	äldre el'-drer	oldest } eldest }	äldst elst
young	ung ung	younger	yngre EEng'-rer	youngest	yngst EEngst
high	hög höhg	higher	högre höh'-grer	highest	högst höhgst

large } great }	stor stoor	larger	större stöh'-rer	largest	störst stöhrst
little } small }	liten lee'-ten	smaller } less }	mindre min'-drer	smallest } least }	minst minst
few	få faw	fewer	färre fer'-rer	fewest	minst minst
long	lång long	longer	längre leng'-rer	longest	längst lengst
much	mycket mEE'-ket	more {	mera flera	most {	mest flesta
many	många mong'-äh		meh'-räh, fleh'-räh		mest, flest'-äh
heavy	tung tung	heavier	tyngre tEEng'-rer	heaviest	tyngst tEEngst

This list of IRREGULAR ADJECTIVES is given here FOR
REFERENCE ONLY.

The SUPERLATIVE of Adjectives which have Irregular
Comparisons, takes a instead of e when preceded by a
Determinative, as:

the best book	den bästa boken
the smallest house	det minsta huset

46.

1. det äldsta huset, de största rummen; 2.
större bord, mindre stolar; 3. goda år, bättre år,
det bästa året; 4. längre tåg, det längsta tåget;

5. den yngsta gossen, det minsta barnet ;   6. få
böcker, färre böcker ;   7. det här är dåligt, det där
är värre ;   8. det var mycket dåligt, är det där
sämre ?   9. mera av detta* och mest av det* ;
10. flera vänner, färre vänner.

46a.

1. the oldest house, the largest rooms;   2. larger tables,
smaller chairs; 3. good years, better years, the best year;
4. longer trains, the longest train;   5. the youngest boy, the
smallest child;   6. few books, fewer books;   7. this is bad,
that is worse;   8. it was very bad, is that worse?   9. more
of this* and most of that*;   10. more friends, fewer friends.

* THIS can be rendered by either **denna** or **detta** (n.); and THAT by
den or **det** (n.).   The forms **den här** or **det här,** and **den där** or
det där, are, however, more used in conversation.

light	**ljus**	picture	**tavla**	plural **tavlor**
	yus		tahv′-läh	tahv′-loor

47.

1. Jag är äldre än han, hon är den äldsta.   2.
Den här gatan (or denna gata) är längre än vår, er
är den längsta.   3. Dina rum är bra, men mina är
bättre.   4. Han är inte den yngsta, hon är yngre.
5. Det är inte mycket ljust där, vi har mera ljus
här.   6. Ni har färre tavlor än vi, men era tavlor
är vackrare.   7. Min väska är inte så tung som
er, hans är den tyngsta.

47a.

1. I am older than he, she is the eldest.   2. This street
is longer than ours, yours is the longest.   3. Your rooms are
good, but mine are better.   4. He is not the youngest, she
is younger.   5. There is not much light there, we have more
light here.   6. You have fewer pictures than we (have),
but your pictures are prettier.   7. My bag is not as heavy
as yours, his is the heaviest.

USEFUL PHRASES.

Do you understand all this?	1	Förstår ni allt detta?
I understood what he said.	2	Jag förstod vad han sa.
So did I.	3	Det gjorde jag också.
She does not know my name.	4	Hon vet inte mitt namn.
Do you know who it is?	5	Vet ni vem det är? [men.
I did not know that lady.	6	Jag kände inte den där da-
We have known them (in)	7	Vi ha känt dem i många
Certainly! [many years.	8	Ja visst! [år.
What do you want?	9	Vad vill ni?
He told me so.	10	Han talade om det för mig.
Will you say it again?	11	Vill ni säga det igen?
That is very good.	12	Det är mycket bra.
This is not so good.	13	Detta är inte så bra.
These are the best.	14	De här är de bästa.
Be careful!	15	Var försiktig!
I assure you.	16	Jag försäkrar er.
I promise you.	17	Jag lovar er.
Of course!	18	Naturligtvis!
Without doubt.	19	Utan tvivel.
As you will (= like).	20	Som ni vill.

Imitated Pronunciation of the above Phrases.

1. föhr-stawr' nee ählt det'-täh?
2. yahg föhr-stood' vahd hähn sah
3. det yoor'-der yahg ock'-saw
4. hoon veht in'-ter mit nähmn
5. veht nee vem det air?
6. yahg chen'-der in'-ter den dair dah'-men
7. vee hah chent dem ee mong'-äh awr
8. yah vist!
9. vahd vil nee?

10. hähn tah'-läh-der om det föhr meeg
11. vil nee sai'-gäh det ee-yen'?
12. det air mee'-ket brah
13. det'-tah air in'-ter saw brah
14. deh hair air deh bes'-täh
15. vahr föhr-sik'-tig!
16. yahg föhr-saik'-rähr ehr
17. yahg law'-vähr ehr
18. nah-tʊr'-ligt-vees!
19. ʊ'-tähn tvee'-vel
20. som nee vil

Explanatory Notes to the above Phrases.

3. literally, that did I also.   10. literally, he spoke of it to me.

EASY READING,

with Translation into English, and Imitated Pronunciation of difficult words.

Stockholm den 5 februari 19—

Bästa Fru Andrews !

Min goda vän fru Karlén har talat om för mig att Ni eventuellt vore intresserad av att låta Er son Jeremy komma till en svensk familj en månad i sommar och ha en svensk pojke hos Er nästa sommar i utbyte.[1]

Vi skulle mycket gärna vilja ha Jeremy hos oss, och vår son Erik, som också är 14 år, skulle säkert bli en entusiastisk kamrat för honom. Erik har läst engelska i skolan i två år. Han kan inte tala så vidare bra men har lätt för att lära sig. Jag tror säkert att han skulle öva upp sig på kort tid.

Jag ville föreslå[2] att Jeremy kommer så snart skolan slutar, d.v.s.* sista veckan i juli. I Sverige har skolorna sommarlov från omkring den 10 juni till den 24 augusti. Vi skulle naturligtvis möta Jeremy i Stockholm. Första veckan vore det väl lämpligast att han stannar med oss ute på vårt sommarställe i skärgården.[3] Sedan tänkte vi att Jeremy och Erik kunde göra en cykeltur på 14 dagar t.ex.† till Mälarlandskapen[4] och Dalarne, och sista veckan, då vi flyttat in till staden, kunde han använda till att se Stockholm.

Det skall bli mycket roligt att få höra från Er.

Med vänlig hälsning   Eder

Karin Bengtsson

1 ut'-bEE-t*er*; 2 föh'-re-slaw; 3 shair'-gawr-den; 4 mai'-lähr-lähnd-skah-pen.

     * det vill säga.   † till exempel.

Stockholm, Feb. 5th, 19—

Dear Mrs..Andrews,

My friend Mrs. Karlén has told me that you might possibly be interested to let your son Jeremy go and stay with a Swedish family for a month this summer and to have, in return, a Swedish boy with you next summer.

We should be very glad to have Jeremy with us, and our son Erik, who is also fourteen, would, I am sure, make an enthusiastic friend for him. Erik has been reading English for two years at school. He cannot speak very well but he learns easily. I am quite sure he would get on well in a short time with practice.

I would suggest that Jeremy should come as soon as he breaks up, i.e. in the last week of July. In Sweden, the summer holidays are from approximately June 10th to August 24th. We would, of course, meet Jeremy in Stockholm. I think it would be most suitable if he stayed with us the first week at our summer place in the archipelago. After that we thought that Jeremy and Erik might make a bicycle tour for a fortnight, for instance to the Mälar counties and Dalecarlia, and he could use the last week, when we shall be back in town, for sight-seeing in Stockholm.

I am very much looking forward to hearing from you.

With kind regards,

Yours sincerely,

Karin Bengtsson

Principen[1] " fruarna först " brukade hållas strängt i helgd och möts nog ännu i dag i den svenska landsorten.[2] Följande anekdot uppges vara sann —och varför skulle den inte vara det ?

Den berömda författarinnan och nobelpristagarinnan Selma Lagerlöf bodde större delen av sitt liv på fädernegården[3] Mårbacka i Värmland. Givetvis ansågs det som en stor ära då hon bevistade tillställningar[4] i trakten, vilket inte skedde alltför ofta. Hennes hälsa var inte stark, och det mesta av hennes krafter togs i anspråk av hennes litterära arbete.

En dag hade hon emellertid tackat ja till ett kafferep. Värdinnan slog upp dörrarna till salen och sade : " Var så goda ! " till de församlade gästerna. Man krusade en smula, som seden var, ingen ville gå först ; man låtsade som om man inte hört. Selma Lagerlöf var däremot mera rakt på sak till sin natur och dessutom van att vara hedersgäst,[5] varför hon lugnt reste sig och började gå mot salen. Men hon hejdades av värdinnan med en ängslig viskning : " Fruarna först, Selma lilla ! "

1 prin-see'-pen;   2 lahnds'-oort-en;   3 fai'-der-ne-gawr-den;
4 til'-stel-ning-åhr;   5 heh'-desh-guest.

The principle of "married ladies first" used to be strictly guarded and may well be found even to-day in provincial Sweden. The following anecdote is alleged to be true—and why should it not be?

Selma Lagerlöf, the famous authoress and winner of the Nobel prize, spent the greater part of her life in her ancestral home, Mårbacka, in Värmland. It was naturally looked upon as a great honour when she attended functions in the neighbourhood, which did not happen all too often. Her health was not strong, and the greater part of her energies was taken up with her literary work.

One day she had, however, accepted an invitation to a coffee-party. The hostess opened the doors to the dining-room and said: "Coffee is served" (lit. = "Be so kind," a phrase used when announcing meals or offering food, etc.), to the assembled guests. They fussed a little, as was the custom, nobody wanted to go first; they pretended they had not heard. Selma Lagerlöf, however, was of a more matter-

80 HUGO'S SWEDISH GRAMMAR SIMPLIFIED

of-fact disposition and, besides, she was used to being the guest of honour, so she rose calmly and began to walk towards the dining-room. But she was stopped by the hostess with an anxious whisper: "Married ladies first, Selma dear!"

"Mamma," sade en liten pojke som gick första året i folkskolan,[1] "i dag har jag fått veta att vår fröken är fru. Och Frökens man är också fröken."

[1] folk'-skoo-lăhn.

"Mummy," said a little boy in his first year at elementary school, "today I learned that our Miss is a Mrs. And the husband of our Miss is a Miss, too."

NOTE.—Swedish school-children always call their teacher "Miss."

TWELFTH LESSON.

In Swedish, the PASSIVE VOICE is expressed by adding **s** to the ordinary form of the verb. The final **r** of the PRESENT TENSE is replaced by **s**.

EXAMPLES OF CONJUGATION.

ORDINARY FORM.	PASSIVE FORM.
to praise, **berömma**	to be praised, **berömmas**
be-röhm'-măh	be-röhm'-măhs
I praise, **jag berömmer**	I am praised, **jag berömmes**
I praised, **jag berömde**	I was praised, **jag berömdes**
I have praised, **jag har berömt**	I have been praised, **jag har berömts**
I had praised, **jag hade berömt**	I had been praised, **jag hade berömts**
I shall praise, **jag skall berömma**	I shall be praised, **jag skall berömmas**
I should praise, **jag skulle berömma**	I should be praised, **jag skulle berömmas**

The PASSIVE can also be formed with the help of the
Auxiliary **bli** (blee), **to become**, or **to be**, followed by
the past participle of the Principal Verb.*

To be praised	**Att bli berömd**
I am praised	**Jag blir berömd**
I was praised	**Jag blev berömd**
I have been praised	**Jag har blivit berömd**
I had been praised	**Jag hade blivit berömd**
I shall be praised	**Jag skall bli berömd**
I should be praised	**Jag skulle bli berömd**

* CONJUGATION OF BLI.

INFINITIVE.	PRESENT TENSE	PAST TENSE.	PAST PARTICIPLE.
bli	**blir**	**blev**	**blivit** (or **blitt**)
blee	bleer	blehv	blee'-vit

NOTE.—The past participle should take the same ending as an
adjective, e.g., **vi blev berömda**, we were praised; **barnet blev
berömt**, the child was praised. (See page 28 for declension of
adjectives.)

The NEGATIVE usually stands after the Verb in simple
tenses, and after the auxiliary in compound tenses.

48.

1. det hörs, det hördes ;   2. det görs, det gjordes ;
3. det säljs, det såldes ;   4. det köpes, det har inte
blivit köpt ;   5. det skall inte göras ;   6. det har
sagts or det har blivit sagt ;   7. har det blivit
funnet ?   8. det finns inte.

48a.

1. it is heard, it was heard;   2. it is done, it was done;
3. it is sold, it was sold;   4 it is bought, it has not been
bought;   5. it shall not be done;   6. it has been said;
7. has it been found?   8. it does not exist (lit. is not found).

---

to be paid	**betalas**
	be-tah'-lăhs
to be forgotten	**glömmas**
	glöhm'-măhs
to be deceived	**bedragas**
	be-drahg'-ăhs
to be punished	**straffas**
	strahf'-ăhs

49.

1. han betalas. 2. blev det inte betalt? 3. det ska bli betalt. 4. jag blir straffad. 5. han har inte straffats. 6. vem blir bedragen? 7. vi har bedragits. 8. de vill inte bli bedragna. 9. det glöms, det ska inte bli glömt. 10. blev hon berömd? de blev inte berömda.

49a.

1. he is paid; 2. was it not paid? 3. it will be paid; 4. I am punished; 5. he has not been punished; 6. who is deceived? 7. we have been deceived; 8. they will not be deceived; 9. it is forgotten, it shall not be forgotten; 10. was she praised? they were not praised.

50.

1. Vi har blivit bedragna av den här mannen. 2. Skall gossen straffas för att han glömde det? 3. Pengarna måste betalas. 4. Pengarna har redan blivit betalda. 5. Har boken ännu inte blivit funnen? 6. Jo, den blev funnen i hans rum. 7. Man* kunde inte vänta att de skulle komma i tid.

* one, people

50a.

1. We have been deceived by this man. 2. Will the boy be punished for forgetting it (= that he forgot it)? 3. The money has to be paid (= must be paid). 4. The money has already been paid. 5. Has the book not yet been found? 6. Yes, it was found in his room. 7. One could not expect (= it was not to be expected) that they should come in time.

The PASSIVE in Swedish generally corresponds in the simple tenses (Present and Past) with the English expression 'IS BEING,' 'WAS BEING.' The word 'BEING' in English is either expressed or understood, as:

he is (being) praised	**han berömmes**
they were (being) praised	**de berömdes**

The PASSIVE VOICE must be distinguished from an accomplished fact, as:

the newspapers are printed	**tidningarna är tryckta***
the newspapers are (being) printed in this town	**tidningarna tryckas i den här staden**
the house is built	**huset är byggt** (bEEgt)
the house was (being) built in (the) summer	**huset byggdes i somras**
	* pron. trEEk'-täh

THE COMPARISON OF ADJECTIVES (continued).

Participles of Verbs used as Adjectives, and other Adjectives of several syllables, generally form the Comparative with **mera,** MORE, and the Superlative with **mest,** MOST, as:

(may'-rah)   (mest)

promising, **lovande** (law'-van-d*er*)   **mera lovande   mest lovande**
delighted, **belåten** (beh-law'-ten)   **mera belåten   mest belåten**
beloved, **älskad** (els'-kåhd)   **mera älskad   mest älskad**
charitable, **välgörande   mera välgörande   mest välgörande**
    vail-yöh'-råhn-d*er*
prominent, **framstående   mera framstående   mest framstående**
    fråhm-staw'-en-d*er*

A Diminution of Degree is expressed by **inte så,** NOT SO, as: (in'-t*er* saw)

less hungry	**inte så hungrig** (hung'-rig)
less clever	**inte så duktig** (duk'-tig)

51.

1. Vi mötte de mest framstående personer i deras hem. 2. Han är inte så duktig som sin bror, men mera välgörande. 3. Säg mig, vem av dessa två gossar, är den mest lovande ? 4. Hon var den mest välgörande damen i staden. 5. Det är det mesta vi kan göra för dig.

51a.

1. We met the most prominent people at their house (= in their home). 2. He is less clever than his brother, but more charitable. 3. Tell me, which of these two boys is the most promising? 4. She was the most charitable lady of (= in) the town. 5. That is the most we can do for you.

In Swedish, Nouns denoting measure or weight are generally used in the Singular, with plural meaning, thus:

eight feet high	**åtta fot** (foot) **hög**
six metres long	**sex meter** (meh'-ter) **lång**
six pounds of* coffee	**tre kilo†** (kġ.) **kaffe** (kăhf'-fer)
two tons of* coal	**två ton kol** (kawl)

* OF is not translated after a noun expressing weight or measure.
† a **kilo** is a little more than two pounds.

In Swedish, ADVERBS can be formed of ADJECTIVES by adding **t**. In such cases, therefore, the Adverb is the same as the Neuter Singular form of the Adjective. Such are:

certainly, **säkert** (sai'-kert)	distinctly, **tydligt** (tᴇᴇᴅ'-ligt)
wisely {**förståndigt, klokt** / föhr-ston'-digt, klookt}	quickly {**fort, raskt** / foort, rähskt}
slowly, **långsamt** (long'-sähmt)	suddenly, **plötsligt** (plöhts'-ligt)

Some other important Adverbs are:

already, **redan** (reh'-dähn)	near, **nära** (nai'-räh)
enough, **nog** (noog)	seldom, **sällan** (sel'-lähn)
sometimes, **ibland** (ee-blähnd')	soon } **snart, tidigt**
perhaps, **kanske** (kähn'-sher)	early } snahrt, tee'-digt

52.

1. Ni har kommit för tidigt. 2. Jag såg honom plötsligt. 3. Är brevet redan skrivet ? 4. Han arbetar för fort. 5. Hon bodde nära oss. 6. Tala inte så långsamt. 7. Ni måste tala tydligt. 8. Jag ser henne ibland. 9. Gör det så fort som möjligt. 10. Han talade mycket förståndigt. 11. Vi måste säkert göra det imorgon. 12. Det är nog för idag.

52a.

1. You have come too soon. 2. I saw him suddenly.
3. Is the letter already written? 4. He works too quickly.
5. She lived near (to) us. 6. Do not speak so slowly. 7.
You must speak distinctly. 8. I see her sometimes. 9.
Do it as quickly as possible. 10. He spoke very wisely. 11.
We must certainly do it to-morrow. 12. That is enough for
to-day.

Some Adverbs of Place without final **a** or **e** indicate
movement; with final **a** or **e** they indicate rest (being or
remaining in a place). Examples:

I go away, **jag går bort**   he goes home, **han går hem**
I was away, **jag var borta**   he is at home, **han är hemma**

must they go out?   **måste de gå ut?**
they are out   **de är ute**

EASY READING
**with Translation into English, and Imitated Pro-
nunciation of difficult words.**

Här är jag nu i Göteborg efter en förskräcklig[1]
överresa. Hela söndagen hade vi storm. Alla i
min hytt var sjösjuka.[2] På kvällen gick jag upp på
däck en stund, men det regnade och var kallt. Här
i Göteborg är det dimma och småregn. Stockholms-
tåget går om sju minuter. Jag måste gå och leta
efter min väska, jag ställde den ifrån mig på en bänk
men minns inte riktigt var bänken var. Jeremy

1 föhr-skrek'-leeg; 2 shöh'-shu-käh.

Here I am now, in Gothenburg, after a dreadful crossing.
All Sunday we had a storm. All in my cabin were sea-sick.
In the evening I went up on deck for a while, but it was
raining, and cold. Here in Gothenburg there is fog and a
drizzle. The train for Stockholm is leaving in seven minutes.
I must go and look for my suitcase, I put it down on a seat
but I cannot quite remember where the seat was. Jeremy

USEFUL PHRASES.

I must learn this.	1	Jag måste lära mig det.
These phrases are very useful.	2	De här övningarna är mycket nyttiga.
The Swedish pronunciation is difficult.	3	Det svenska uttalet är svårt.
Can you read this word?	4	Kan ni läsa det här ordet?
Take a piece of paper.	5	Tag en bit papper.
Write down all the words.	6	Skriv upp alla orden.
That will help you.	7	Det kommer att hjälpa er.
I cannot help you.	8	Jag kan inte hjälpa er.
You must do it yourself.	9	Ni måste göra det själv.
He ought to know better.	10	Han borde veta bättre.
Have you not learned it?	11	Har ni inte lärt det?
That is a pity.	12	Det är synd.
I did not know that.	13	Det visste jag inte.
I am sorry to trouble you.	14	Jag är ledsen att besvära er.
Do not worry about it.	15	Bry er inte om det.
We must help one another.	16	Vi måste hjälpa varandra.
Do not hurry (yourself).	17	Förta er inte.
I have time enough.	18	Jag har god tid.

Imitated Pronunciation of the above Phrases.

1. yahg mo'-ster lai'-räh meeg det
2. deh hair öhv'-ning-ähr-näh air mEE'-ket nEEt'-tee-gäh
3. det svens'-käh ʊt'-täh-let air svawrt
4. kähn nee lai'-säh det hair oor'-det?
5. tahg en beet pähp'-per
6. skreev up ähl'-läh oor'-den
7. det kom'-mer äht yel'-päh ehr
8. yahg kähn in'-ter yel'-päh ehr

9. nee mo'-ster yöh'-räh det shelv
10. hähn boor'-der veh'-täh bet'-trer
11. hahr nee in'-ter lairt det?
12. det air sEEnd.
13. det vees'-ter yahg in'-ter
14. yahg air les'-sen äht be-svai'-räh ehr
15. brEE ehr in'-ter om det
16. vee mo'-ster yel'-päh vahr-ähn'-dräh
17. föhr-tah' ehr in'-ter
18. yahg har good teed

Explanatory Notes to the above Phrases.

6. literally, write up.   13. lit., that knew I not.   15. lit., care you not about it.   17. lit., hurry yourself not.   18. lit., I have good time.

EASY READING

with Translation into English, and Imitated Pro-
nunciation of difficult words.

Stockholm den 20 augusti 19—

Kära Mamma!

Nu har jag varit här i tre veckor redan men har
faktiskt inte fått tid att skriva mer än ett par kort—
hoppas Du fått dem. Men nu skall jag berätta
litet om vad vi haft för oss.
Första veckan var vi ute på ön och var rätt lata.
Det var vackert väder utom en dag. Vi brukade gå
direkt ur sängen ner till bryggan och ta ett dopp och
sedan smakade det härligt med frukost, fast man
inte äter riktig frukost i Sverige, bara smörgås
och mjölk och kaffe. Vi badade mest hela dagen,
eller också rodde vi i Bengtssons lilla båt. Erik
och jag satte upp ett segel och försökte segla i den.
Det gick ganska bra när det blåste. Den dagen det
regnade spelade vi kort och Erik och hans syster
lärde mig svenska. Jag kan säga en massa saker
nu.
Bengtssons hade fått låna en cykel[1] till mig, och
den femte augusti gav Erik och jag oss av på vår
tur. Vi tog båten till Stockholm förstås och låg
över natten i deras våning. Nästa morgon tog vi
båt till Gripsholm, som ligger på södra stranden av
Mälaren ett bra stycke inåt landet. Det är ett av
de kungliga slotten och ligger underbart vackert
på en udde i sjön. Det är fullt av minnen av
Sveriges kungar och drottningar sedan vasatiden,

och så finns där ett galleri[2] med målningar av
hästar som är berömt.

Från Gripsholm startade vi sedan på våra cyklar
och for västerut genom Sörmland, som är ett
bördigt landskap med många vackra herresäten.
Vart och ett ligger vid en sjö med kullar och skogar
runt omkring.

Erik sade att vi borde cykla minst 12 mil om
dagen, och det tyckte jag lät ganska enkelt. Men
så upptäckte jag att han menade svenska mil!
En svensk mil är 10 km., d.v.s. något över sex
miles. Vi fick trampa på rätt bra för att hinna
med det, men det var det värt. Sedan vi rundat
västra änden av Mälaren for vi norrut in i Bergs-
lagen, d.v.s. de landskap där järn brutits sedan
gammalt. Där gick vägen för det mesta genom
ändlösa skogar av gran och höga raka rödstammiga[3]
tallar, men ofta kom vi upp på höjder med vid-
sträckt utsikt. Vi såg ett stort järnverk[4] och
många gruvor. Vi for runt sjön Siljan i Dalarne
och såg folk fara till kyrkan klädda i granna byg-
dedräkter.[5] Annars ser man just aldrig sådana
kläder.

På återvägen stannade vi en dag i Uppsala,
universitetsstaden. Det har en vacker gotisk
domkyrka och ett gammalt slott som ligger på en
höjd. Sedan for vi ner till Mälaren igen och såg
ett annat intressant slott, Skokloster. Sigtuna
är en annan mycket gammal stad med ruiner av
medeltida kyrkor. Numera är den mest känd för
sina internatskolor,[6] där många kongresser hålls om
somrarna.

Nu är vi tillbaka i Stockholm igen, och Erik och Anna har brått att visa mig runt. Det är väldigt mycket att se, men jag tycker allra mest om att promenera utmed vattnet och särskilt på Djurgården.

Många hälsningar till er allesammans från Din
Jeremy

1 sEEk'-el; 2 găhl-er-ee'; 3 röhd'-stăhm-ee-găh; 4 yairn'-verk; 5 bEEg'-de-drekt-er; 6 in-ter-naht'-skoo-loor.

———

Stockholm, August 20th, 19—
Dear Mummy,

I have now already been here for three weeks but have not really had the time to write more than one or two postcards—I hope you got them. But now I will tell you a little of what we are doing.

We spent the first week on the island and were rather lazy. The weather was fine except for one day. We used to go straight out of bed down to the pier and have a swim, and after that breakfast tasted wonderful, although they do not have proper breakfast in Sweden, only bread and butter and milk and coffee. We bathed more or less all day, or we rowed about in the Bengtssons' small boat. Erik and I set up a sail and tried sailing in it. It worked quite well when there was a wind. On the day when it was raining we played cards and Erik and his sister taught me Swedish. I can say a lot of things now.

The Bengtssons' had borrowed a bicycle for me, and on August the 5th Erik and I set out on our tour. We took the steamer to Stockholm, of course, and stayed the night in their flat. Next morning we took a steamer to Gripsholm, which is on the southern shore of Lake Mälar, a fair distance inland. It is one of the royal castles and has a marvellous position on a peninsula in the lake. It is full of memories of Sweden's kings and queens from the times of

the Wasas, and then there is a gallery of horse pictures
which is famous.

We then started off on our bicycles from Gripsholm and
travelled westwards through Sörmland, which is a fertile
country with many beautiful manor houses. Each one is
situated on a lake with hills and woods all around.

Erik said that we ought to do at least twelve miles a day,
and I thought that sounded fairly easy. But then I
realised he meant Swedish miles! A Swedish mile is 10
kilometers, i.e. a little over 6 English miles. We had to
step on it rather in order to achieve that, but it was worth
it. After we had rounded the western end of Lake Mälar
we turned north into the Bergslag, i.e. the counties where
iron has been mined of old. There the road mostly ran
through endless forests of firtrees and tall, straight pine-
trees with red trunks, but we often climbed heights with
wide views. We saw a big iron-works and many mines.
We went right round Lake Siljan in Dalecarlia and saw the
people travel to church dressed in gay national costumes.
Elsewhere one does not really see such clothes.

On our way back we stopped for a day in Uppsala, the
university town. It has a fine Gothic cathedral and an old
castle situated on a hill-top. We then went down to Lake
Mälar again and saw another interesting castle, Skokloster.
Sigtuna is another very old town with medieval church
ruins. Nowadays it is mostly known for its boarding-
schools, where many conferences are held during the summer.

Now we are back in Stockholm again, and Erik and Anna
are busy showing me round. There is an awful lot to see,
but I like best of all walking along the water and particu-
larly in the Djurgården.

Much love to you all from

Jeremy.

"Få se om du kan räkna upp tre kända svenskar
och tala om vad de gjort," sade Erik till Jeremy en
regnig eftermiddag.

"Visst kan jag det. Ni har en världsmästare[1]

i cricket—eller är det tennis? Johansson[2] heter han.
Och, så är det den där dystra[3] dramatikern[4] från
80-talet—Ibsen! Och kungen som nästan erövrade[5]
Ryssland och sedan mördades[6] på en maskeradbal,[7]
Gustav den tolvte, eller hur?"
"Sakta i backarna! Det finns flera berömda
idrottsmän[8] som heter Johansson, men inte i cricket,
för det spelas inte i Sverige. Ibsen var inte svensk
utan norrman. Men vi hade också en "dyster
dramatiker" på 80-talet. Han hette Strindberg,
och du borde läsa några av hans romaner, noveller
och dikter. Det var Karl den tolvte som så när
hade erövrat Ryssland i början av 1700-talet.
Kungen som mördades på en maskeradbal 1792
var Gustav den tredje."

1 vairds'-mes-tăh-reh; 2 Yoo'-hahn-son; 3 dEEst'-rah; 4 drah-
mah'-tee-kern; 5 air'-öhv-răh-deh; 6 möhr'-dăh-des; 7 mahs-
keh-rahd'-bahl; 8 ee'-drots-men.

"Let us see if you can enumerate three well-known
Swedes and say what they have done," said Erik to Jeremy
one rainy afternoon.
"I am sure I can. You have a world champion in
cricket—or is it tennis? Johansson is his name. And then
there is that gloomy playwright from the eighties—Ibsen!
And the king who nearly conquered Russia and was after-
wards murdered at a masked ball, Gustav XIIth, was it
not?"
"Steady, steady! [Lit. "gently on the hills"] There are
several famous sportsmen called Johansson, but not in
cricket because that is not played in Sweden. Ibsen was
not a Swede, but a Norwegian. But we, too, had a "gloomy
playwright" in the eighties. His name was Strindberg, and
you ought to read some of his novels, short stories and
poems. It was Charles XII who all but conquered Russia
at the beginning of the 18th century. The king who was
murdered at a masked ball in 1792 was Gustav III."

CARDINAL NUMBERS.

1 en, ett (n.)
en, ett

2 två
tvaw

3 tre
treh

4 fyra
fEE'-räh

5 fem
fem

6 sex
seks

7 sju
shʊ

8 åtta
ot'-täh

9 nio
nee'-oo

10 tio
tee'-oo

11 elva
el'-väh

12 tolv
tolv

13 tretton
tret'-ton

14 fjorton
fyoor'-ton

15 femton
fem'-ton

16 sexton
seks'-ton

17 sjutton
shut'-ton

18 aderton
ahr'-ton

19 nitton
nit'-ton

20 tjugo
chʊ'-goo

21 tjugoen
chʊ'-goo-en

22 tjugotvå
chʊ'-goo-tvaw

23 tjugotre
chʊ'-goo-treh

24 tjugofyra
chʊ'-goo-fEE'-räh

25 tjugofem
chʊ'-goo-fem

26 tjugosex
chʊ'-goo-seks

27 tjugosju
chʊ'-goo-shʊ

28 tjugoåtta
chʊ'-goo-ot-täh

29 tjugonio
chʊ'-goo-nee-oo

30 trettio
tret'-tee -oo

31 trettioen
tret'-tee-oo-en

32 trettiotvå
tret'-tee-oo-tvaw

33 trettiotre
tret'-tee-oo-treh

34 trettiofyra
tret'-tee-oo-fEE'-räh

35 trettiofem
tret'-tee-oo-fem

36 trettiosex
tret'-tee-oo-seks

37 trettiosju
tret'-tee-oo-shʊ

38 trettioåtta
tret'-tee-oo-ot-täh

39 trettionio
tret'-tee-oo-nee'-oo

40 fyrtio
föhr'-tee-oo

50 femtio
fem'-tee-oo

60 sextio
seks'-tee-oo

70 sjuttio
shut'-tee-oo

80 åttio
ot'-tee-oo

90 nittio
nit'-tee-oo

100 hundra
hun'-dräh

101 hundraen
hun'-dräh-en

110 hundratio
hun'-dräh-tee'-oo

200 två hundra
tvaw hun'-dräh

300 tre hundra
treh hun'-dräh

1,000 tusen
tʊ'-sen

1,500 ett tusen fem hundra
ett tʊ'-sen fem hun'-dräh

2,000 två tusen
tvaw tʊ'-sen

10,000 tio tusen
tee'-oo tʊ'-sen

150,000 hundra femtio tusen
hun'-dräh fem'-tee-oo tʊ's

200,000 två hundra tusen
tvaw hun'-dräh tʊ'-sen

1,000,000 en million (en mil-yoon')

ORDINAL NUMBERS.

the 1st	den	första föhr'-stäh	the 11th	den	elvte elv'-ter
„ 2nd	„	andra ähn'-dräh	„ 12th	„	tolvte tolv'-ter
„ 3rd	„	tredje trehd'-yer	„ 13th	„	trettonde tret'-ton-der
„ 4th	„	fjärde fyair'-der	„ 14th	„	fjortonde fyoor'-ton-der
„ 5th	„	femte fem'-ter	„ 15th	„	femtonde fem'-ton-der
„ 6th	„	sjätte shet'-ter	„ 16th	„	sextonde seks'-ton-der
„ 7th	„	sjunde shʊn'-der	„ 17th	„	sjuttonde shut'-ton-der
„ 8th	„	åttonde ot'-ton-der	„ 18th	„	adertonde ahr'-ton-der
„ 9th	„	nionde nee'-on-der	„ 19th	„	nittonde nit'-ton-der
„ 10th	„	tionde tee'-on-der	„ 20th	„	tjugonde chʊ'-gon-der

the 21st	den	tjugoförsta	chʊ'-goo-föhr-stäh
„ 30th	„	trettionde	tret'-tee-on-der
„ 40th	„	fyrtionde	föhr'-tee-on-der
„ 50th	„	femtionde	fem'-tee-on-der
„ 60th	„	sextionde	seks'-tee-on-der
„ 70th	„	sjuttionde	shut'-tee-on-der
„ 80th	„	åttionde	ot'-tee-on-der
„ 90th	„	nittionde	nit'-tee-on-der
„ 100th	„	hundrade	hun'-dräh-der
„ 200th	„	två hundrade	tvaw hun'-dräh-der
„ 300th	„	tre hundrade	treh hun'-dräh-der
„ 1,000th	„	tusende	tʊ'-sen-der
„ 5,000th	„	fem tusende	fem tʊ'-sen-der
„ 10,000th	„	tio tusende	tee'-er tʊ'-sen-der
„ 100,000th	„	hundra tusende	hun'-dräh tʊ'sen-der

COLLECTIVE and FRACTIONAL NUMBERS, etc.

a couple   ett par
et pahr

a dozen   ett dussin
et dus'-sin

a score   ett tjog
et chawg

single   enkelt
en'-kelt

double   dubbelt
dub'-belt

threefold   tredubbelt
treh'-dub-belt

once   en gång
en gong

twice   två gånger
tvaw gong'-er

three times   tre gånger
treh gong'-er

many times   många gånger
mong'-äh gong'-er

the first time   första gången
föhr'-stäh gong'-en

the second time
andra gången
ähn'-dräh gong'-en

one at a time en i sänder
en ee sen'-der

two at a time två i sänder
tvaw ee sen'-der

half a year   ett halvår
et hählv'-awr

a quarter   ett kvartal
(three months)   *et kvähr-tahl'*

firstly   för det första
föhr det föhr'-stäh

secondly   för det andra
föhr det ähn'-dräh

thirdly   för det tredje
föhr det trehd'-yer

one third   en tredjedel
en trehd'-yer-dehl

two thirds   två tredjedelar
tvaw trehd'-yer-deh'-lähr

a quarter   en fjärdedel
(a fourth part) en fyair'-der-dehl

three quarters
tre fjärdedelar
treh fyair'-der-deh'-lähr

one fifth   en femtedel
en fem'-ter-dehl

a half   en halv
en hählv

one and a half
en och en halv
en ock en hählv

two and a half
två och en „
tvaw ock en hählv

three „ „ tre och en „
treh ock en hählv

THE SEASONS.

Spring   vår
vawr

Summer   sommar
som'-mähr

Autumn   höst
höhst

Winter   vinter
vin'-ter

HOURS OF THE DAY.

what is the time?	hur mycket är klockan?
	hur mee'-ket air klock'-kähn?
it is one o'clock	klockan är ett
	klock'-kähn air et
it is half past one	klockan är halv två
	klock'-kähn air hählv tvaw
it is two, three, four o'clock	klockan är två, tre, fyra
	klock'-kähn air tvaw, treh, fee'-räh
it is a quarter to three	klockan är en kvart i tre
	klock'-kähn air en kvährt ee treh
it is half past three	klockan är halv fyra
	klock'-kähn air hählv fee'-rah
it is a quarter past four	klockan är en kvart över fyra
	klock'-kähn air en kvährt öh'-ver fee'-räh
it is ten minutes past five	klockan är tio minuter över
	klock'-kähn air tee'-er mee-nu'-ter öh'-ver fem [fem
it is twenty minutes to six	klockan är tjugo minuter i sex
	klock'-kähn air chu'-goo mee-nu'-ter ee seks
it is five minutes past twelve	klockan är fem minuter över
	klock'-kähn air fem mee-nu'-ter öh'-ver tolv [tolv
at what time?	hur dags?
	hur dahgs?
at ten o'clock	klockan tio
	klock'-kähn tee'-er
at a quarter to eleven	en kvart i elva
	en kvährt ee el'-väh
at midday	klockan tolv på dagen
	klock'-kähn tolv paw dah'-guen
at midnight	midnatt
	mid'-näht
the clock is striking	klockan slår
	klock'-kähn slawr
the clock is slow	klockan går efter
	klock'-kähn gawr ef'-ter
the clock is fast	klockan går före
	klock'-kähn gawr föh'-rer

PERIODS OF TIME.

a second   en sekund
en seh-kund'
a minute   en minut
en mee-nut'
five minutes   fem minuter
fem mee-nu'-ter
a quarter of
an hour   en kvart
en kvährt
half an hour   en halv timma
en hählv tim'-mäh
an hour   en timma
en tim'-mäh
an hour and   en och en
a half   halv timma
en ock en hählv tim'-mäh
two hours and   två och en
a half   halv timma
tvaw ock en hählv tim'-mäh
a day   en dag
en dahg
three days   tre dagar
treh dah'-gähr
a week   en vecka
en veck'-käh
a fortnight   fjorton dagar
fyoor'-ton dah'-gähr
a month   en månad
en maw'-nähd
a year   ett år
et awr
a century   ett århundrade
et awr-hun'-dräh-der
next week   nästa vecka
nais'-täh veck'-käh
a week ago   för en vecka
sedan
föhr en veck'-käh seh'-dähn

last month   förra
månaden
föhr'-räh maw'-näh-den
next year   nästa år
nais'-täh awr
a year ago   för ett år
sedan
föhr et awr seh'-dähn
to-day   i dag*
ee dahg
to-morrow   i morgon
ee mor'-gon
yesterday   i går
ee gawr
the day after
to-morrow   i övermorgon
ee öh'-ver-mor-gon
this morning   i morse
ee mor'-sher
this afternoon   i eftermiddag
ee ef'-ter-mid-dahg
this evening   i kväll
ee kvell
early this
morning   tidigt i morse
tee'-digt ee mor'-sher
late this evening   sent i kväll
sehnt ee kvell
to-night   i natt
ee näht
last night   i går kväll
(yesterday evening) ee gawr kvell
in an hour's
time   om en timme
om en teem'-mer
every other day
varannan dag
vahr-ahn'-nähn dahg

* **idag, igår**, etc., are sometimes written instead of **i dag, i går**, etc.

THIRTEENTH LESSON.

In Swedish, the order of words is usually the same as in English, but it should be remembered that the English construction with DO and DID, and what is called the Progressive Form, must always be rendered by the simple Present and Past Tenses of the Verbs, as:

does he read? } = reads he?   **läser han ?**
or is he reading? }

he did not read } = he read not   **han läste inte**
or he was not reading }

The Negative (**inte,** etc.) generally takes its place in a sentence the same as in English; but if in a simple sentence the Object is a PROUNOUN, the Negative goes to the end. If the Object is a NOUN, the ordinary order remains.

EXAMPLES.

I do not know HIM   **jag känner honom inte**
did you not know ME?   **kände ni mig inte?**
I did not know the LADY   **jag kände inte damen**
do you not know my FRIEND?   **känner ni inte min vän?**

In sentences with Compound Tenses, the Negative stands after the AUXILIARY, and in Negative Questions after the SUBJECT, the same as in English, as:

I have not seen him   **jag har inte sett honom**
had you not seen me?   **hade du inte sett mig?**

53.

1. Gav han dig pengarna ?   2. Ni har inte givit oss pengarna.   3. Trodde de oss inte ?   4. Han trodde dig inte.   5. Ger hon böckerna till gossen ? 6. Ni har inte betalat oss för sakerna (the things). 7. De borde inte ha gått med honom.

53a.

1. Did he give you (= gave he you) the money?   2. You have not given us the money.   3. Did they not believe us? 4. He did not believe you.   5. Does she give the books to the boy?   6. You have not paid us for the things.   7. They ought not (to) have gone with him.

If two sentences are connected, the second begins with a Conjunction (or an Adverb used as a Conjunction). The Subject of the second sentence is then usually placed after the Verb, or in Compound Sentences after the Auxiliary.

A few of these connecting words and expressions are:

at last	**till sist**	otherwise	**annars**
	til sist		ähn'-nahrs
meanwhile	**under tiden**	nevertheless ⎱	**i alla fall**
	un'-der teed'-en	still, yet ⎰	ee ahl'-läh fähl

54.

1. Han kunde inte komma till oss, därför gick vi till honom. 2. Vi väntade länge och till sist hörde vi från dem. 3. De kom klockan tio, under tiden hade du gått ut. 4. Du måste göra det idag, annars blir det för sent. 5. Han visste det, men i alla fall ville han inte säga mig det. 6. Hon hade inte vår adress, därför kunde hon inte skriva. 7. Jag visste inte att han ville gå, annars skulle jag ha väntat.

54a.

1. He could not come to us, therefore we went to him. 2. We waited long and at last we heard from them. 3. They came at ten o'clock, meanwhile you had gone out. 4. You must do it to-day, otherwise it will be too late. 5. He knew it, but still he would not tell me (it). 6. She had not our address, therefore she could not write. 7. I did not know he wanted to go, otherwise I would have waited.

The PRINCIPAL SENTENCE is sometimes preceded by a SUBORDINATE SENTENCE, that is, a sentence which commences with a Conjunction and is not complete in itself. In such cases, the Subject of the Principal Sentence is placed after the Verb, as:

if I have (= get) time, **I will go**	om jag får tid, **vill jag gå**
when he saw me, **he knew me**	då han såg mig, **kände han igen* mig**

The Principal Sentence is printed in **thick type.**

* känna igen, to recognise.

Some SUBORDINATE CONJUNCTIONS are:

after, **efter** (ef'-ter)

although { **ehuru** (eh-hʊ'-rʊ)
          { **fastän** (fahst'-en)

as, when, **då** (daw)

because, **för att** (föhr äht)

if, **om** (om)

now, **nu** (nʊ)

before { **innan** (in-năhn')
       { **före** (föh'-rer)

since, **eftersom** (ef'-ter-som)

until, **tills** (tils)

while, **medan** (meh'-dăhn)

55.

1. innan han reste bort ; 2. efter du hade gått ; 3. medan vi väntade ; 4. ehuru han sade det ; 5. då de inte såg honom ; 6. för att det inte är någon annan ; 7. eftersom de var där före oss ; 8. tills i morgon.

55a.

1. before he went away; 2. after you had gone; 3. while we waited; 4. although he said it; 5. as they did not see him; 6. because there is no one else; 7. since they were there before us; 8. until to-morrow.

A Subordinate Conjunction is easily recognised by the fact that the two sentences which it connects can be transposed without altering the sense, as:

I will go, if I have time   jag vill gå, om jag får tid
he knew me, when he saw me   han kände igen mig, då han
                                    såg mig

When the Principal Sentence comes first, the ordinary order of words is observed.

56.

1. Han kom efter det jag hade gått. 2. Hon skrev brevet innan hon gick hem. 3. Jag vill vänta här tills det är tid att gå. 4. Medan han läste tidningen, rökte han en cigarr. 5. Då det var så sent, gick de bort. 6. Innan ni kommer, kan vi intet göra.

56a.

1. He came after (that) I had gone. 2. She wrote the letter before she went home. 3. I will wait here till it is

time to go.   4. While he read the newspaper, he smoked a
cigar.   5. As it was so late, they went (away).   6. Before
(= until) you come, we can do nothing.

MYSELF, HIMSELF, OURSELVES, etc., coming after a Verb
are translated in Swedish, thus:

MYSELF	**mig** (meeg)	OURSELVES	**oss** (oss)
YOURSELF $\big\{$	**dig** (deeg) **er** (ehr)	YOURSELVES $\big\{$	**eder** (eh'-der) **er** (ehr)
HIMSELF $\big\}$ HERSELF	**sig** (seeg)	THEMSELVES	**sig** (seeg)

Verbs followed by. **mig, dig, sig,** etc., are called RE-
FLEXIVE VERBS.   Example:

TO WARM ·ONESELF   **värma sig** (vair'-măh seeg)

I warm myself	**jag värmer mig**
you warmed yourself	$\big\{$ **du värmde dig** **ni värmde er**
is he warming himself?	**värmer han sig?**
we did not warm ourselves	**vi värmde oss inte**
they have warmed themselves	**de har värmt sig**

---

to enjoy oneself **roa sig** roo'-ăh seeg	to flatter oneself **smickra sig** smik'-răh seeg
to dress oneself **kläda på sig** klai'-dăh paw seeg	to hurt oneself **skada sig** skah'-dăh seeg

57.

1. Roade hon sig igår? 2. Vi har roat oss
mycket idag. 3. De har skadat sig. 4. Skadade
du dig inte? 5. Hon klädde inte på sig fort.
6. Kläder damerna på sig? 7. Han smickrar sig
för mycket. 8. Ni skulle inte smickra er.

57a.

1. Did she enjoy herself yesterday? 2. We have en-
joyed ourselves much to-day. 3. They have hurt them-
selves. 4. Did you not hurt yourself? 5. She did not dress
(herself) quickly. 6. Are the ladies dressing (themselves)?
7. He flatters himself too much. 8. You should not flatter
yourselves.

CONVERSATIONAL SENTENCES.

THE WEATHER, etc.

What is the weather like?	Hurudant är vädret?
It is a fine day.	Det är vackert väder.
The sun is shining.	Det är solsken.
It is terribly foggy.	Det är förfärligt dimmigt.
It is cloudy.	Det är mulet.
We shall soon have rain.	Vi får snart regn.
It is beginning to rain.	Det börjar regna.
It has left off raining.	Det har slutat regna.
It was only a shower.	Det var bara en regnskur.
Is it windy to-day?	Blåser det idag?
It is blowing hard.	Det blåser ohyggligt.
In rain and wind.	I regn och blåst.
It is very cold (hot).	Det är mycket kallt (varmt).
It was freezing hard in the	Det var stark frost i natt.
It is snowing. [night.	Det snöar.
The snow is crisp.	Snön knarrar.
The snow dazzles the eyes.	Snön bländar ögonen.
Moonlight, sunshine.	Månsken, solsken.
A starlit night.	En stjärnklar natt.
It is pitch dark.	Det är becksvart.
A pitch dark night.	En becksvart natt.
The sun is rising.	Solen går upp.
The sun is setting.	Solen går ned.
In the twilight.	I skymningen.
Put up the light.	Tänd ljuset.
It is getting dark.	Det börjar bli mörkt.
It is cooler now.	Det är kyligare nu.
The heat has been dreadful.	Hettan har varit förfärlig.
The weather is changeable.	Vädret är ostadigt.
It is freezing this afternoon.	Det fryser i eftermiddag.
Is the ice strong enough?	Är isen tillräckligt stark?
Then we can go skating.	Då kan vi gå på skridskor.

PROGRESSIVE READING.

A number after a word refers to the English translation in the footnotes.

Principalen: Vilka kvalifikationer har ni för den lediga platsen?

Platssökande: Jag har varit i affär i fem år och jag sköter[1] alltid mina sysslor.[2]

Principalen: Är det så, passar ni inte för mig, jag behöver en som sköter mina sysslor.

1 pronounce: shöh'-ter, to mind, to look after; 2 pronounce: SEES'-lor, business.

Läraren[1]: Föreställ[2] dig[2] Robert, att du har en strumpa[3] på den ena foten[4] och du tar en annan strumpa på den andra foten, hur många har du då på bägge[5] fötterna?

Pojken: Jag går[6] aldrig med[6] strumpor.

Läraren: Föreställ dig att din far har en gris[7] i grisstian[8] och att han köper en gris till och släpper[9] in[9] den i stian, hur många grisar är det då i stian?

Pojken: Far har inga grisar.

Läraren drog[10] en djup[11] suck[12] och började[13] igen med förnyat mod.[14]

Föreställ dig, Robert, att du har ett äpple, och att din mor ger dig ett äpple till, vad har du då?

Pojken: Ont[15] i magen,[16] våra äpplen är allesammans[17] matäpplen.[18]

Läraren beslöt[19] att göra ännu ett försök[20]: Om en fattig liten gosse har en kaka[21] och du gav honom en till, hur många har han då?

Pojken: Det vet jag inte, jag äter alltid själv min kaka.

Då uppgav[22] läraren det.

1 the teacher; 2 imagine, suppose; 3 stocking, sock; 4 the foot; 5 both; 6 **går aldrig med**, go never with (= always go without); 7 pig; 8 pron. grees'-tee-an, pigsty; 9 put into; 10 heaved; 11 deep; 12 sigh; 13 began; 14 courage; 15 pain; 16 stomach; 17 all, altogether; 18 cooking apples; 19 determined; 20 attempt; 21 cake; 22 gave up.

Lugnande.¹—Jag har en vacker samling² av ovanliga³ violiner. En del av dem är mycket konstnärligt⁴ utförda.⁵ Kom skall ni få se dem. Spelar ni violin? frågade den besökande. Nej, det gör jag inte. Då vill jag med största¯ nöje komma och se på samlingen.

1 reassured; 2 collection; 3 rare; 4 artistically; 5 executed (= made).

I en restaurant: Uppassare,¹ den här soppan² är kall.³ Kall, min herre? Jag⁴ tyckte⁴ den var kokande.⁵ Vad falls⁶? Har ni smakat⁷ på den? Nej, det har jag inte, jag doppade⁸ bara fingrarna i den.

1 waiter; 2 the soup; 3 cold; 4 it seemed to me; 5 boiling; 6 what, please? (= I beg your pardon); 7 tasted; 8 dipped.

Före den statliga¹ sjukförsäkringens² tid hände det att en berömd kirurg³ nämnde⁴ sitt arvode⁵ till en patient,⁶ en bondhustru⁷ som kommit resande lång väg för att bli botad⁸ av honom.

—Vi säger väl åttio, sade han i gemytlig⁹ ton.

Bondmoran¹⁰ räckte honom en silverslant¹¹ och sade vänligt:—Behåll han¹² hela kronan.

Ånej, rätt ska vara rätt,¹³ svarade kirurgen, och utan att röra en min¹⁴ tog han upp 20 öre ur sin portmonnä¹⁵ och gav dem till kvinnan.

1 national; 2 health insurance; 3 surgeon; 4 mention; 5 fee; 6 pronounce: pah'-see-ent; 7 farmer's wife, pronounce: boond-hust'-ruh; 8 cured; 9 jovial; 10 farmer's wife, pronounce: boond'-moo-rah; 11 silver coin; 12 In the country it is still usual to address people with "he" and "she".
13 Idiomatic expression: "right must be right".
14 change his expression; 15 purse.

Ordspråk. Morgonstund har guld i mun.
Proverb. Lit. "Morning hour has gold in (its) mouth."
Compare: The early bird catches the worm.

Anders var inkallad[1] till militärtjänstgöring[2] i Norrbotten. Vintern var lång, kall och mörk, och Anders ansåg inte att han var född[3] till soldat. En dag gick han därför till läkaren och förklarade att han höll på att bli[4] helt blind. Läkaren satte honom på noggranna[5] prov[6] och Anders bestod dem ... d.v.s. han lyckades[7] ge läkaren det intrycket[8] att han såg ytterst[9] illa och var helt oduglig[10] för militärtjänst. Glad som en lärka[11] gick Anders samma kväll på bio. Döm om hans skräck[12] när han fann sig sitta bredvid läkaren! Nu var goda råd dyra.[13] Men Anders fann sig,[14] vände ett uttryckslöst[15] ansikte åt läkarens håll och sade: "Förlåt fröken, vet ni om den här bussen går till Luleå?"

1 called up; 2 military service; 3 born; 4 was becoming; 5 thorough; 6 tests; 7 succeeded in; 8 impression; 9 extremely; 10 useless; 11 lark; "Pleased as Punch". 12 fright; 13 Idiom: "good advice was precious". 14 pulled himself together; 15 expressionless.

Vid den tyska[1] ockupationen[2] av Norge i april 1940 rådde[3] stor förvirring[4] i gränstrakterna[5] på den svenska sidan. Turisterna[6] flydde[7] hals över huvud[8] från skidhotellen.[9] En trött och bekymrad[10] hotellägare[11] kom tidigt en morgon in i köket och fann sin kokerska[12] i färd[13] med att lugnt och omsorgsfullt[14] förbereda[15] dagens måltider.[16]

"Är Hulda inte rädd att det ska bli krig?" frågade han.

"Ånej," fick han till svar, "och om så vore, inte går de väl så i detalj att de skjuter mig."

1 German; 2 occupation; 3 reigned; 4 confusion; 5 border areas; 6 tourists; 7 fled (from *fly*); 8 lit. "neck over head"—as fast as they could; 9 ski hotels; 10 worried; 11 hotel owner; 12 cook (female); 13 busy ... preparing, lit. "on the way with"; 14 carefully; 15 prepare; 16 meals.

FOURTEENTH LESSON.

WHO, WHOM, WHICH, THAT, when relating to a word or sentence previously mentioned, are all rendered by **som,** both in the Singular and in the Plural. (som)

som relates to persons and to things.   Examples:

the man WHO spoke	**mannen som talade**
the lady WHOM we saw	**damen som vi såg**
the things WHICH were here	**sakerna som var här**
the book THAT I bought	**boken som jag köpte**
I WHO did it	**jag som gjorde det**
we WHO see it	**vi som ser det**

WHO and WHOM used interrogatively are rendered by **vem,** as:

who has done it?	**vem har gjort det?**
whom have you seen?	**vem har ni sett?**
do you know who it is?	**vet du vem det är?**

WHOSE is rendered by **vems** and **vars. vars** is used when referring to a NOUN or PRONOUN ; **vems** is used interrogatively:

I know whose house that is	jag vet **vems** hus det är
(indirectly interrogative)	
the boy whose pen I took	gossen **vars** penna jag tog
whose book is this?	**vems** bok är detta?
he whose house I bought	han **vars** hus jag köpte

58.

1. mannen som sade det ;   2. boken som såldes ; 3. damen vars bagage ankom ;   4. gossen som du gav brevet till ;   5. breven som de skrev ;   6. böckerna som han läser ;   7. vem gav ni brevet till ?   8. flickan vars bror jag kände ;   9. vems handskar är dessa ?

58a.

1. the man who said it;   2. the book which was sold; 3. the lady whose luggage arrived;   4. the boy to whom you gave the letter;   5. the letters which they wrote; 6. the books which he reads;   7. whom did you give the letter to?   8. the girl whose brother I knew;   9. whose gloves are these?

message	**besked**	to receive	**mottaga**
	beh-shed'		moo'-tăh-găh
promise	**löfte**	„ kill	**döda**
	löhf'-ter		döh'-dăh
news	**nyheter**	„ forget	**glömma**
	nEE'-heh-ter		glöhm'-măh
place	**plats**	„ rely on	**lita på**
	plăhts		lee'-tăh paw

59.

1. gossen som gjorde det ; 2. nyheterna som jag mottog ; 3. löftet som han har givit ; 4. kvinnan vars man dödades ; 5. människorna som vi talade med ; 6. beskedet som jag sände ; 7. vännerna som var här igår ; 8. stolarna och bordet som vi har köpt ; 9. bagaget som glömdes or blev glömt ; 10. mannen vars plats jag tog.

59a.

1. the boy who did it; 2. the news which I received; 3. the promise which he has given; 4. the woman whose husband was killed; 5. the people with whom we spoke; 6. the message which I sent; 7. the friends who were here yesterday; 8. the chairs and the table which we have bought; 9. the luggage which was forgotten; 10. the man whose place I took.

As in English, the Relative Pronoun (**som**) is sometimes omitted when referring to the OBJECT.

60.

1. Det var priset, (som) jag betalade. 2. Är detta klockan, (som) hon glömde ? 3. Han är mannen, som jag litar på. 4. Är detta gossen, som lämnade besked ? 5. Var är boken, (som) jag lade på bordet ? 6. Jag känner inte barnet, (som) han gav pengarna till. 7. Vi mötte damen,

vars far hade lovat hjälpa oss. 8. Är det här
blommorna (som) ni önskade ?

60a.

1. That was the price (which) I paid. 2. Is this the
watch (which) she forgot? 3. He is the man (whom) I rely
on. 4. Is this the boy who brought* (the) message? 5.
Where is the book (which) I laid on the table? 6. I do not
know the child (whom) he gave the money to. 7. We met
the lady whose father had promised to help us. 8. Are
these the flowers which you wanted? * = delivered

A Relative Clause is frequently inserted in the middle of
a sentence, but the order of the words remains unchanged, as:

my friends, who were here,	mina vänner, som var här,
live in London	bor i London

The Relative Clause stands between commas. The Principal
Sentence is: mina vänner bor i London.

key	nyckel	the right one	den rätta
	nEE'-kel		ret'-täh
to stop	stanna	the wrong one	fel
	stähn'-näh		fehl
	to send off	avsända	ahv'-sen-däh

61.

1. Breven, som du skrev i morse, är avsända.
2. Var nyckeln, som jag gav dig, den rätta ? nej,
det var fel nyckel. 3. Stannade tåget, som du
reste med, vid varje station (stäh'-shohn) ? 4. Huset,
som jag önskade, är sålt.

61a.

1. The letters, which you wrote this morning, are sent
off. 2. Was the key, which I gave you, the right one? No,
it was the wrong one. 3. Did the train, by which you
travelled, stop at every station? 4. The house, that I
wanted, is sold.

ALL, meaning 'everything,' is allt (ählt), as:

is that all?	är det allt?
all that* I have	allt vad jag har

* THAT, coming after ALL, is rendered by vad or som.

The plural of allt is alla (ahl'-läh) :

all the books	alla böckerna
all my money	alla mina pengar
we all saw it	vi såg det alla
they were all there	de var alla där

62.

1. Allt vad han säger är sant. 2. Allt, som är här, tillhör mig. 3. Har ni alla paketen ? Ja, jag har allt. 4. Alla vet att han är rik. 5. Allt är för dyrt i den här butiken. 6. Allt vad han har ger han henne.

62a.

1. All that he says is true. 2. All that is here, belongs to me. 3. Have you all the parcels? Yes, I have everything. 4. Everybody knows that he is rich. 5. Everything is too dear in this shop. 6. All that he has, he gives to her.

MYSELF, HIMSELF, OURSELVES, etc., are all rendered by själv (shelv), if they are not used reflexively, but merely to emphasize a Noun or another Pronoun; själv takes final a in the Plural. Examples:

I saw it myself	jag såg det själv
we saw it ourselves	vi såg det själva
the man did it himself	mannen gjorde det själv

HIMSELF, HERSELF, THEMSELVES, coming after för or till (FOR), are rendered by sig själv(a), as:

she bought it for herself	hon köpte det till sig själv
they wanted it for themselves	de önskade det för sig själva

HIM, HER, THEM, coming after med (WITH), are rendered by sig, as:

has he any money with him?	har han pengar med sig?
they had no one with them	de hade inte någon med sig

CONVERSATIONAL SENTENCES

AT THE POST OFFICE

Where is the Post Office?

Var är postkontoret?

Is this the way to the Post Office? [land.

Är detta vägen till postkontoret? [land.

I expect a letter from Eng-

Jag väntar ett brev från Eng-

It will be sent 'Post Restante.'

Det kommer att sändas 'poste restante.'

Have you any letters for me?

Har ni några brev till mig?

A letter or a newspaper?

Ett brev eller en tidning?

Thank you very much.

Tack så mycket.

Please give me some stamps.

Var vänlig ge mig några frimärken.

How much is the postage to England? [öre.

Hur mycket är portot till England?

The postage for letters is ...

Portot för brev är ... öre.

For postcards ... öre.

För brevkort ... öre.

Please give me some stamped postcards. [abroad.

Var vänlig ge mig några frankerade brevkort.

Six for inland and six for

Sex inrikes och sex utrikes.

That is sufficient, thank you.

Tack, det är tillräckligt.

How much is that altogether?

Hur mycket är det i allt?

How much will this parcel be?

Hur mycket kostar det här paketet?

It must go by the next post.

Det måste gå med nästa post.

I want to send a telegram.

Jag vill avsända ett telegram.

How many words can I send for 15 krone?

Hur många ord kan jag sända för femton kronor?

A foreign telegram, reply paid.

Ett telegram till utlandet svar betalt.

A registered letter.

Ett rekommenderat brev.

A money order.

En postanvisning.

PROGRESSIVE READING.

A number after a word refers to the English translation in the footnotes.

S/s Suecia den 28 aug. 19—

Kära Nicholas!

Du blir säkert förargad[1] om Du inte får brev från mig innan vi träffas igen, så jag passar på[2] och skriver medan jag sitter på däck och inte har något att göra. Jag är på hemväg efter en månad i Sverige. Den här dagen på sjön är nästan som ett sommarlov bara den; solen gassar[3] och havet är lugnt och blått och vi får härlig mat, så mycket vi kan äta. Men Du vill väl hellre höra något om Sverige.

Sista veckan var jag i Stockholm. Erik och Anna började skolan den 24, och Eriks far ordnade[4] så att jag fick gå med dem den första dagen, och höra på i olika klasser. Det var väldigt intressant. Eriks lärare i engelska bad mig berätta något om vår skola för hans klass, och sedan fick de fråga mig vad de ville. Det blev riktigt livligt.

Som Du ser har svenska skolor helt andra terminer[5] än våra. De har bara två: höstterminen från omkring den 24 augusti till strax före jul, och vårterminen från c: a* den 10 januari till den 10 juni. I februari har de ett tio dagars lov då ofta hela klasser far till fjällen[6] och åker skidor.

En annan olikhet[7] är att de flesta svenska skolor är samskolor.[8] Det är bara i de största städerna som det finns särskilda goss-och flickläroverk, och även där finns många samskolor, som t.ex. den Erik och Anna går i. Båda slagen av skolor har både manliga[9] och kvinnliga[10] lärare. Jag blev väldigt förvånad[11] när jag fick se en dam komma in i Eriks klass och fick höra att hon var lektor[12] i matematik och att de hade kolossal respekt för henne.

De allra flesta skolorna är statliga. Det finns privatskolor i de större städerna och några få internatskolor runtom i landet, men det betraktas[13] inte som en särskild fördel[14] att ha gått i en privat skola.

* c : a = cirka, about.

Ämnena[15] de läser är rätt lika våra, utom att de läser
flera språk. Engelska är huvudspråket som de börjar med
redan i folkskolan,[16] därnäst[17] kommer tyska, och de flesta
som går i "gymnasiet"[18] läser också franska några år. De
som vill läsa latin går på en särskild linje[19] från c:a 15 års
ålder och har mindre matematik, fysik etc. "Gymnasiet"
slutar med "studentexamen", som spelar stor roll.[20] Jag
är inte säker på om det är för att den är så svår eller för
att "studenterna", som de då kallas, får en vit sammets-
mössa[21] med svart skärm[22] och kommer ut och sjunger på
skolgården[23] och alla deras släktingar[24] och bekanta[25] är
där och hänger blommor på dem. Erik har redan bjudit[26]
mig till sin "studenthippa"[27] om fem år!
Nu går gong-gongen till middag. Jag får berätta resten
när vi träffas.

Många hälsningar

Jeremy

1 annoyed; 2 take the opportunity; 3 blazes; 4 arranged;
5 terms; 6 mountains; 7 dissimilarity; 8 co-educational schools;
9 male; 10 female; 11 surprised; 12 senior master or mistress;
13 is regarded; 14 advantage; 15 subjects; 16 primary school;
17 next; 18 the Swedish word 'gymnasium' means the last 3 or 4
forms of a Grammar School; 19 stream; 20 part; 21 velvet cap;
22 beak; 23 school yard; 24 relatives; 25 acquaintances; 26
invited; 27 school-leaving party.

En ung far tog sin femåriga[1] dotter[1] på en promenad.[2]
Hon frågade[3] glatt[4] ut[3] honom om alla människor de mötte,
alla hundar, hus, träd, över[5] huvud taget[5] allt vad de såg,
tills[6] hennes far tyckte att han absolut inte orkade[7] svara
på flera frågor.
"Vet du vad," sade han listigt,[8] "jag kände en gång
en katt som var lika nyfiken[9] som du. Den fick[10] veta[10] att
om den frågade något mera skulle[11] det gå illa för den.[11]
Katten kunde inte låta bli att fråga en sak till[12]—och då
föll den ner död!"[13]
Flickan gick tyst i nära fem minuter och fadern tyckte
att han skött[14] sig bra.[14] Men då sade hon:

"Får jag bara fråga en sak till, snälla rara Pappa?"
"Vad är det då?"
"Vad var det som katten ville veta?"

1 5-year old; 2 walk; 3 fråga ut, cross-examine; 4 merrily; 5 generally; 6 until; 7 had the strength to; 8 artfully; 9 inquisitive; 10 was told, lit. "was given to know"; 11 lit. "would it go badly for it"; 12 in addition; 13 dead; 14 been clever, lit. "conducted himself well."

Kära vänner!

Dessa rader skriver jag som hastigast[1] medan vi väntar på att få gå i land. Men jag vill inte vänta ens[2] en dag med att tacka Er för den oförglömliga[3] tid jag haft i Sverige. Min hjärna[4] är alldeles för full av intryck för att jag skulle kunna säga vilken del som var trevligast, dagarna på Er sommarö,[5] cykelfärden med dess skiftande upplevelser, eller veckan i Stockholm, men vad jag säkert vet är att jag från början till slut kände mig som en medlem[7] av Er familj, och det kan jag inte tacka Er nog för. Jag hoppas att Erik kommer att trivas[8] lika bra nästa år när han kommer till oss.

Resan har gått utmärkt denna gången. I Göteborg trodde jag att jag tappat min koffertnyckel,[9] men jag hittade den sedan ombord.[10] Just som jag gick över landgången[12] stötte en mycket korpulent[12] herre till mig så att bananpåsen[13] som Anna gav mig föll i vattnet. Var det inte tur[14] att jag hade ätit upp alla utom en?

Nu får jag inte sitta här längre. Tusen hälsningar Er

Jeremy

1 in the greatest haste; 2 even; 3 unforgettable; 4 brain; 5 summer island; 6 varied; 7 member; 8 be happy; 9 trunk key; 10 on board; 11 landing bridge; 12 fat; 13 bag of bananas; 14 good luck.

FIFTEENTH LESSON.

IMPERSONAL VERBS are preceded by **det** (det), IT, as:

it is raining	**det regnar** (reng'-nähr)
it is snowing	**det snöar** (snöh'-åhr)
it is freezing	**det fryser** (free'-ser)
it is blowing	**det blåser** (blaw'-ser)

The English IMPERSONAL FORM is sometimes expressed in Swedish by the PASSIVE, as:

it succeeds **det lyckas** (lee'-kåhs)   it seems **det tycks** (teeks)
it is said **det sägs** or **säges** (saigs, sai'-gues)

Other IMPERSONAL EXPRESSIONS are:

it is hot	**det är varmt** (vährmt)
it is fine (weather)	**det är vackert väder** (vai'-der)
there is a knock at the door	**det knackar** (knähk'-kåhr) **på dörren**
there is a ring at the door	**det ringer** (ring'-er) **på dörren**

Some expressions are PERSONAL in English, but IMPERSONAL in Swedish, as:

I am glad	**det gläder** (glai'-der) **mig**
I am sorry	**det gör** (yöhr) **mig ont** (ont)
you had better do it	**det är bäst att du gör det**

ONE, YOU, THEY, PEOPLE, used in an Indefinite sense, are rendered in Swedish by **man** (måhn), as:

one does not know	**man vet det inte**
how do you say that?	**hur säger man det?**
people like it	**man tycker om det**

man can be used only as SUBJECT.

63.

1. Man talar om dig. 2. Man tycker om att vara hemma. 3. Var kan man köpa frimärken ? 4. Man vet aldrig vad han kommer att göra. 5. Om man frågar efter min adress, uppgiv den inte. 6. Det säger man ute på landet. 7. Man blir aldrig för gammal för att lära.

63a.

1. People are talking of you.   2. One likes to be at home.
3. Where can one buy stamps?   4. One never knows what
he will do.   5. If one asks for my address, don't give it
(up).   6. They say so in the country.   7. One is never too
old to learn.

In Swedish, the Verb in the INFINITIVE is often preceded
by a PREPOSITION, which is not expressed in English, as:

I went to visit my friend	jag gick **för** att besöka min vän
he was surprised to find us	han var förvånad **över** att finna
at home	oss hemma

The PRESENT PARTICIPLE of Swedish Verbs is formed by
adding **ande** or **ende** to the Stem of the Verb, as:

learning	**lärande**	seeing	**seende**
giving	**givande**	dwelling	**boende**

The PRESENT PARTICIPLE is not much used in Swedish,
it is generally replaced by the INFINITIVE, as:

I see her coming	**jag ser henne komma**
we saw him standing there	**vi såg honom stå där**

sure, certain	**säker**	to continue	**fortsätta**
	sai'-ker		focrt'-set-tăh
worth	**värd**	to need	**behöva**
	vaird		beh-höh'-văh

to refrain from   **låta bli**   law'-tăh blee

64.

1. Han fortsatte att skriva i två timmar.   2. Ni
kan vara säker på att få höra från mig.   3. Det är
väl värt att se.   4. Att se är att tro.   5. Jag
behöver en pojke för att bära min väska.   6. Vi
kunde inte låta bli att skratta.

64a.

1. He continued writing for (= in) two hours.   2. You
may (= can) be sure to (get to) hear from me.   3. That is
well worth seeing.   4. Seeing is believing.   5. I need a lad

(for) to carry my bag.   9. We could not refrain from (= help) laughing.

Some Verbs are REFLEXIVE in Swedish, but not in English, as:

to learn	**lära sig**	to remember	**erinra sig**
	lai'-răh seeg		air'-in-răh seeg
to put up with	**finna sig i**		
	fin'-năh seeg ee	to reside	**uppehålla sig**
to marry	**gifta sig**		up'-per-hol-lăh seeg
	yif'-tăh seeg		
to trouble about	**att bry** (brEE) **sig om**		

65.

1. Han finner sig i den där handlingen. 2. Hon har gift sig med en rik man. 3. Du skall inte bry dig om det. 4. Uppehåller de sig i Paris eller Rom ? 5. De gifte sig förra året. 6. Erinrar du dig hans namn? 7. Jag kan inte erinra mig det.

65a.

1. He approves of that action. 2. She has married (with) a rich man. 3. You must not trouble about it. 4. Are they residing (= staying) in Paris or in Rome? 5. They were married last year. 6. Do you remember his name? 7. I cannot remember it.

OF is not translated in Swedish when it stands between two Nouns, if the first of these Nouns expresses weight, measure, number or quantity, as:

two pounds of coffee	**ett kg. (kilogram) kaffe** (kee-loo'-grăhm kăhf'-fer)
a cup of chocolate	**en kopp choklad** (kop shook-lahd')
a glass of wine	**ett glas vin** (glahs veen)
a regiment of soldiers	**ett regemente soldater** (reh'-guer-menter sol-dah'-ter)
a crowd of people	**en folkmängd** (folk'-mengd)

OF is also omitted before the names of months, towns and places, when such names are preceded by a word which describes them, as:

the month of May	**månaden maj** (my)
the tenth of June	**den tionde juni** (yu'-nee)
the town of Gotenburg	**staden Göteborg** (yöh'-ter-borg)
the island of Öland	**ön Öland** (öhn öh'-lăhnd)

The DEFINITE ARTICLE is often used in Swedish, where in English a POSSESSIVE PRONOUN would be used, as:

he broke his (= the) leg **han bröt benet** (beh'-net)
has she forgotten her (= the) money? **har hon glömt pengarna?**

| courage | **mod** (n.) mood | life | **liv** (n.) leev | to shake | **skaka** skah'-kăh |
| head | **huvud** hu'-vᴜd | sailor | **sjöman** shöh'-măhn | to lose | **förlora, tappa** föhr-loo'-răh, tăhp'-păh |

66.

1. Varför skakar du på huvudet? 2. Han har tappat modet. 3. Tappa inte modet. 4. Ge mig handen. 5. Sjömannen förlorade livet. 6. Ni skulle ha tagit av hatten.

66a.

1. Why do you shake your head? 2. He has lost (the) courage. 3. Do not lose (the) courage. 4. Give me your hand. 5. The sailor lost his life. 6. You should have taken your hat off.

After Verbs expressing movement from or towards a place, HERE and THERE are rendered in Swedish by **hit** (heet) and **dit** (deet); WHERE FROM and WHERE TO are rendered by **varifrån** and **vart**; TO AND FRO is rendered by **fram och tillbaka,** as in the following phrases:

why did he not come here? **varför kom han inte hit?**
I did not go there **jag gick inte dit**
where do you come from? **varifrån kommer ni?**
where are they going to? **vart går de?**
they travel to and fro **de reser fram och tillbaka**

Adverbs are compared like Adjectives, as:

| POSITIVE. | COMPARATIVE. | SUPERLATIVE. |
| often | **ofta** (of'-tăh) | **oftare** (of'-tăh-rer) | **oftast** (of'-tăhst) |

A few Adverbs form the comparison irregularly, as:

| gladly | **gärna** (yair'-năh) | **hellre** (hel'-rer) | **helst** (helst) |
| badly | { **ont** (ont) { **dålig** (daw'-lig) } | **värre** (ver'-rer) | **värst** (verst) |

USEFUL MISCELLANEOUS PHRASES.

Here we are at last! — Här är vi äntligen!

Will you pay the driver? — Vill ni betala chauffören?

I have no change. — Jag har inga småpengar.

Put the bag in the hall. — Ställ väskan i hallen.

Is it heavy? — Är den mycket tung?

It is almost empty. — Den är nästan tom.

What will you drink? — Vad vill ni dricka?

I should like a cup of tea. — Jag vill gärna ha en kopp te.

Take some sugar, will you? — Var så god och tag socker.

Have you (= is it) enough cream? — Är det tillräckligt med grädde?

My tea is not sweet enough. — Mitt te är inte nog sött.

The coffee is too strong. — Kaffet är för starkt.

When will you be ready? — När blir ni färdig?

Have you paid the bill? — Har ni betalat räkningen?

I do not want to stay here. — Jag vill inte stanna här.

I don't like this town. — Jag tycker inte om den här staden.

When do you want to start? — När vill ni resa?

It is all the same to me. — Det gör detsamma för mig.

I want to leave to-night. — Jag vill resa i kväll.

When did you write to them? — När skrev ni till dem?

I have not yet written. — Jag har inte skrivit ännu.

I cannot find the address. — Jag kan inte finna adressen.

I think I can give it you. — Jag tror jag kan ge er den.

I wrote it down in my pocket-book. — Jag skrev upp den i min anteckningsbok.

I will write it down. — Jag skall skriva upp den.

Have you bought the tickets? — Har ni köpt biljetterna?

Buy them now, it is time to go. — Köp dem nu, det är på tiden att gå.

Whom did you meet? — Vem mötte ni?

Who told you so? — Vem talade om det för er?

What do you know about it? — Vad vet ni om det?

PROGRESSIVE READING.

A number after a word refers to the English translation in the foot notes.

Stockholm den 3 oktober 19—

Kära Jeremy!

Det smickrar[1] mig att Du tänker skriva en uppsats[2] i skolan om Sverige och jag ska gärna ge Dig så många upplysningar[3] jag kan. Nu skriver jag på måfå[4] vad jag antar att Du vill veta, men fråga bara om Du vill att jag ska gå mera i detalj.[5]

Sverige upptar[6] som Du vet östra delen av den Skandinaviska halvön[7] och har en utsträckning[8] av 977 miles från norr till söder. Dess nordligaste punkt ligger bortom polcirkeln,[9] dess sydligaste något norr om Newcastle-on-Tyne. Sverige har två landgränser,[10] nämligen[11] mot Norge och Finland. Öresund, som skiljer[12] Skåne från Danmark, är så smalt[13] att överfarten[14] från Hälsingborg till Helsingör tar knappt[15] en halv timme.

Landet har givetvis[16] ett nordligt klimat, men särskilt i västkustlandskapen[17] mildras[18] det av närheten[19] till Golfströmmen.[20] Göteborg t.ex., Lilla London, som det ofta kallas, har mycket dimma[21] och regn på senhösten[22] och vintern, och Skåne har ett betydligt[23] blidare[24] klimat än övriga delar av landet. I Stockholmstrakten[25] ligger vanligen snön och sjöarna är tillfrusna[26] ett par månader.

Landet har omkring sju miljoner invånare.[27] Stockholm har nära 800.000. Övriga större städer är Göteborg, sjöfartsstaden[28] på västkusten, Malmö och Hälsingborg i Skåne, Norrköping, centrum för stora textilindustrier, och Örebro i Bergslagen.

Över hälften av Sveriges areal upptages av skog. Skogsbruk[29] är också landets främsta[30] industri, trä dess mest betydande råvara.[31] Andra sådana är järnmalm[32] och vattenkraft.[33] Endast en femtedel[34] av befolkningen[35] är sysselsatt[36] med jordbruk.[37] Den bördigaste jorden[38] finns i Skåne, men även Östergötland, Västergötland och Mälarbäckenet[39] är typiska[40] jordbrukslandskap.

Det svenska språket känner Du redan till litet. Det är nära besläktat[41] med danskan och norskan och på något längre håll med engelskan, tyskan och holländskan. Skandinaver förstår varandra ganska bra när var och en talar sitt språk, fast det finns gott om försåtliga [42]nyanser[43] i betydelsen[44] som givit upphov[45] till missförstånd[46] och roliga[47] historier.

Sverige har varit kungarike[48] sedan vikingatiden[49] och fick sin första nationella lagstiftning[50] på 1300-talet. Dess riksdag[51]—numera bestående av[52] två kamrar[53]— instiftades[54] i början av 1400-talet. Sverige av i dag är en modern välfärdsstat[55] och i många avseenden[56] en förebild[57] när det gäller[58] sociala institutioner.

Om det är något Du särskilt vill studera så skriv bara och tala om det. Jag skall då ta reda på vad det finns för böcker i ämnet och skicka Dig några stycken.[59]

Din tillgivna[60]

Erik

1 flatters; 2 essay; 3 information; 4 at random; 5 detail; 6 takes up; 7 peninsula; 8 length; 9 Arctic Circle; 10 land frontiers; 11 namely; 12 separates; 13 narrow; 14 crossing; 15 barely; 16 obviously; 17 the West coast counties; 18 it is softened; 19 nearness; 20 Gulf Stream; 21 fog; 22 late autumn; 23 considerably; 24 milder; 25 the Stockholm area; 26 frozen; 27 inhabitants; 28 seafaring city; 29 forestry; 30 foremost; 31 raw material; 32 iron ore; 33 water-power; 34 one fifth; 35 population; 36 engaged; 37 agriculture; 38 soil, earth; 39 the Mälar basin; 40 typical; 41 related; 42 deceptive; 43 nuances; 44 meaning; 45 caused; 46 misunderstandings; 47 funny; 48 monarchy; 49 the Viking era; 50 legislation; 51 parliament; 52 consisting of; 53 chambers=Houses; 54 was instituted; 55 welfare state; 56 respects; 57 model; 58 concerns; 59 some pieces=a few; 60 yours ever.

"De pratar[1] en[2] massa[2] om den här sångarn[3] Caruso," sade en bonde i Kråkmåla till sin granne.[4] "En sådan väldigt[5] fin röst[6] ska[7] han ha,[7] och kan sjunga vilka[8] sånger som helst.[8] Men nog överdriver[9] folk. Min pojke[10] hörde honom på en grammofonskiva[11] och han härmade[12] honom här i går kväll, men inte tyckte vi att det lät[13] något[14] särskilt."[14]

1 talk; 2 a lot; 3 singer; 4 neighbour; 5 immensely; 6 voice; 7 he is said to have, lit. "shall he have"; 8 any; 9 exaggerate; 10 boy; 11 gramophone record; 12 imitated; 13 sounded; 14 anything especial.

Elizabeth, sju år, tycker att räkning[1] är besvärligt.[2] Hon suckar[3] och stönar[4] över sina tal, och till sist får mamma hjälpa till. Men det är inte så alldeles lätt för mamma heller.[5] Hon lärde sig att lägga till[6] och dra ifrån[7] på ett annat sätt, och det[8] går[8] ju inte[8] an[8] att förvirra[9] barnet. Så mamma förklarar så tåligt[10] hon kan: "Ser du, jag måste först se på vad sätt du får lära dig att räkna.[11] Jag gick i skolan i ett annat land, och, där lärde vi oss räkna efter en annan metod."[12]

"Jaså", säger Elizabeth resignerat[13] och fortsätter sina vedermödor[14] på egen hand.[15] Efter en stund ser hon upp och frågar mycket milt:"[16] "Mamma, där du gick i skolan, var sju plus åtta femton?"

1 arithmetics; 2 troublesome; 3 sighs; 4 moans; 5 either; 6 add; 7 take away; 8 it will not do; 9 confuse; 10 patiently; 11 do sums; 12 method; 13 resignedly; 14 labours; 15 on her own; 16 placidly.

En fågel[1] i handen är bättre än tio i skogen.[2]

1 bird; 2 bush.

SIXTEENTH LESSON.

In Swedish, the FUTURE TENSE is often used instead of the PRESENT, as:

where are you going (to)?　**vart skall ni gå?**
I am going to the theatre　**jag skall gå på teatern**

ALL, meaning THE WHOLE (or the whole of) is rendered by **hela** (heh'-läh), as:

all (= the whole) day　**hela dagen**
all the (= the whole) world　**hela världen** (vair'-den)
all (= the whole of) London　**hela London**
all (= the whole of) Sweden　**hela Sverige** (sver'-yer)

to honour	**hylla** (hEEl'-läh)	wood	**skog** (skoog)
to mourn	**sörja** (söhr'-yäh)	field {	**fält** n. (felt)
people	**folk** n. (folk)		**åker** (aw'-ker)
parents	**föräldrar** (föhr-el'-drähr)	nation	**nation** (näh'-shoon)

67.

1. Hela folket hyllade kungen. 2. Hela nationen sörjde. 3. Han arbetar hela dagen. 4. Jag vet inte vad jag skall göra. 5. När ska de resa? 6. Föräldrarna tog barnen med sig till skogen. 7. Fältet är nära skogen.

67a.

1. All the people honoured the king. 2. The whole nation mourned. 3. He works the whole day. 4. I do not know what to do. 5. When are they leaving? 6. The parents took their children to the wood. 7. The field is near the wood.

Adjectives and Present Participles are frequently used instead of Nouns. They take the Definite Article belonging to the Adjective to express the Singular or the Plural, but the words themselves generally remain unchanged.

EXAMPLES.

the visitor	**den besökande**	the visitors	**de besökande**
the traveller	**den resande**	the travellers	**de resande**
old people	**de gamla**	poor people	**de fattiga**

young folks　**de unga** or **ungdom**

68.

1. De resande kommer klockan fyra. 2. De unga borde roa sig. 3. Den gamla är mycket fattig. 4. Blev de besökande presenterade för er ? 5. De rika är inte alltid lyckliga. 6. All ungdom (or alla unga) tycker om det.

68a.

1. The travellers will arrive (= are coming) at four o'clock. 2. Young people should enjoy themselves. 3. The old man is very poor. 4. Were the visitors introduced to you? 5. Rich people are not always happy. 6. All young people like it.

PREPOSITIONS may be Simple or Compound in Swedish. In most cases the meaning is the same, as:

bland or ibland (blăhnd, ee'-blăhnd)	AMONG
genom or igenom (yeh'-nom, ee-yeh'-nom)	THROUGH
mellan or emellan (mel'-lăhn, eh-mel'-lăhn)	BETWEEN
mot or emot (moot, eh-moot')	TOWARDS, AGAINST
utan (u'-tăhn) WITHOUT	om (omm) ABOUT
utanför (u'-tăhn-föhr) OUTSIDE	omkring (om-kring') ROUND ABOUT

69.

1. Han gjorde det mot (or emot) sin vilja. 2. Gick de genom (or igenom) skogen ? 3. Det är inte bland (or ibland) de här böckerna. 4. De går mot åkern. 5. Han stod utanför och väntade på mig. 6. Hon ville inte gå utan oss. 7. Huset ligger mellan skogen och fältet. 8. De gick omkring i staden.

69a.

1. He did it against his will. 2. Did they go through the wood? 3. It is not among these books. 4. They are going towards the field. 5. He stood outside waiting (= and waited) for me. 6. She would not go without us. 7. The house lies between the wood and the field. 8. They went (round) about in the town.

COMPOUND WORDS are much used in Swedish, as:

a silver watch **en silverklocka** (sil'-ver-klock-käh)
a leather bag **en skinnväska** (shin'-ves-käh)
a velvet gown **en sammetsklänning** (sähm'-mets-klen'-ning)
a golden wedding **ett guldbröllop** (guld-bröhl'-lop)
birthday gifts **födelsedagspresenter** (föh'-del-ser-dähgs-preh-
Christmas gifts **julklappar** (yul'-klähp-påhr)   [sen'-ter
Christmas greetings **julkort** (yul'-koort)
wedding presents **lysningspresenter** (lees'-nings-preh-sen'-ter)

70.

1. Jag har rest genom många länder med den här skinnväskan. 2. Hennes sammetsklänning är vacker. 3. Vi fick omkring femtio julkort. 4. Era julklappar var vackrare än mina födelsedagspresenter. 5. Han gav henne en guldklocka i julklapp. 6. Hennes lysningspresenter var mycket dyrbara. 7. Deras guldbröllop firades* förra året.

* = was celebrated.

70a.

1. I have travelled through many countries with this leather bag. 2. Her velvet gown is beautiful. 3. We received about fifty Christmas greetings. 4. Your Christmas gifts were nicer than my birthday presents. 5. He gave her a gold watch for a Christmas present. 6. Her wedding presents were very valuable. 7. Their golden wedding was celebrated last year.

71.

The following idiomatic expressions should be noted.

1. De besöker oss då och då. 2. Vi väntar ett svar var dag. 3. Vad ser du på ? 4. Han sitter och läser ditt brev. 5. Ju mera du ger honom, desto mera vill han ha. 6. Hon kommer tillbaka om en vecka eller så. 7. Vi stod och beundrade utsikten från fönstret.

71a.

1. They come to see us from time to time. 2. We are expecting an answer from day to day (= every day). 3. What are you looking at? 4. He is reading (= sits and reads) your letter. 5. The more you give him, the more he wants (= will he have). 6. She is coming back in about a week's time. 7. We were admiring (= stood and admired) the view from the window.

---

so is often rendered by **det** (THAT), in expressions like the following:

I hope so = that I hope	**det hoppas jag**
I believe so = that I believe	**det tror jag**

WHAT SORT OF or WHAT KIND OF is rendered in Swedish by **vad slags** (slahgs), as:

what sort of men are they?	**vad slags män är det?**
what kind of book is this?	**vad slags bok är det?**
what kind of mcney must I use?	**vad slags pengar skall jag använda?**

After Pronouns or Adjectives, ONE is not translated in Swedish, as:

Which hat is yours?—This one.—The old one.	**Vilken hatt är din?—Den här.—Den gamla.**
Will you go by this train or by a later one?	**Skall ni resa med det här tåget eller med ett senare?**

In a sentence, **att**, TO, generally precedes the Verb in the Infinitive, the same as in English, as:

I promised to come	**jag lovade att komma**
he forgot to give it	**han glömde att ge det**
we are obliged to go	**vi är tvungna att gå**

but when the Principal Verb is preceded by an Auxiliary, or a Verb used as an Auxiliary, TO is not translated, as:

I am not able to do it	**jag kan inte göra det**
he has to go now	**han måste gå nu**
they ought to come here	**de bör komma hit**

USEFUL MISCELLANEOUS PHRASES.

Is this house for sale? | Är detta hus till salu?

No sir, it is to let only. | Nej, det är endast att hyra.

Have you any rooms to let? | Har ni några lediga rum?

How many rooms will you want? | Hur många rum önskar ni?

I should like two rooms. | Jag vill gärna ha två rum.

On the second floor. | I andra våningen.

For how long? | För hur lång tid?

For three or four months. | För tre eller fyra månader.

How much is it per month? | Hur mycket är det per månad?

I am afraid it is too expensive. | Jag är rädd för att det är för dyrt.

The bedroom is on the top floor. | Sovrummet är i översta våningen.

At what time is breakfast? | Hur dags är frukosten?

It is served at eight o'clock. | Den serveras klockan åtta.

That is rather early for me. | Det är bra tidigt för mig.

You can have it later. | Ni kan få den senare.

Any time you like (= want). | När det passar er.

Dinner is at six o'clock. | Middagen är klockan sex.

Can we have supper here also? | Kan vi supera här också?

With pleasure, whenever it suits you. | Med nöje, när det passar er.

I will give you a latch-key. | Jag skall ge er en dörrnyckel.

There are some letters for you. | Det har kommit några brev till er.

I will get them at once. | Jag skall hämta dem genast.

Have you seen the bedroom? | Har ni sett sovrummet?

It is large and comfortable. | Det är stort och bekvämt.

Where is the dining-room? | Var är matsalen?

Here is the smoking-room. | Här är rökrummet.

PROGRESSIVE READING.

A number after a word refers to the English translation in the footnotes.

Stockholm den 10 dec. 19—

Kära Fru Andrews!

Det gladde[1] min man och mig oerhört att höra att Ni genom Jeremy blivit så intresserade av Sverige att Ni funderar[2] på att göra en biltur[3] här nästa sommar. Jag hoppas att vi kan hjälpa Er att planera[4] den så att Ni får bästa möjliga utbyte[5] av den.

Båtfärden[6] på Göta Kanal från Göteborg till Stockholm som Ni hört talas om är mycket populär[7] bland utländska[8] turister.[9] Den går också genom mycket vackra trakter[10] av landet, men då Ni ändå tar bilen med skulle jag tro att det för Er vore bättre att staka ut[11] en omväxlande[12] rundtur[13] från Göteborg till Göteborg.

På en punkt[14] måste jag tyvärr[15] göra Er besviken.[16] För att få se midnattssolen[17] måste Ni göra minst tre dagsfärder[18] till översta[19] Norrland.   Det bleve nog ganska tröttande[20] och enformigt.[21]   För min del ville jag föreslå en rundtur i södra Sverige, som har mera omväxlande natur och gammal bebyggelse.[22]

Från Göteborg bör Ni ta vägen österut[23] till Jönköping. Den går genom en utomordentligt[24] vacker, höglänt[25] skogstrakt.[26]   Från Jönköping följer[27] Ni en berömd[28] turistväg norrut längs sjön Vättern till Gränna.   Jag skall inte försöka beskriva[29] den, men den försvarar[30] väl sin plats bland Europas vackraste vägar.   Därefter kommer ett stycke relativt ointressant slättland,[31] men Ni bör inte försumma[32] att se Vadstena, den Heliga[33] Birgittas stad, med många förtjusande[34] medeltida[35] byggnader[36] och framför allt[37] den utsökt[38] vackra "Palmkyrkan", ett av de renaste[39] exemplen[40] på gotisk byggnadskonst[41] i Sverige.

Sedan går färden genom ett sjö-och skogslandskap med många vackra herrgårdar[42] nästan ända till[43] Stockholm. Här hoppas vi att få ta hand om[44] Er och visa Er de närmaste omgivningarna.[45]

Mitt förslag är att Ni sedan skeppar[46] över bilen till

Gotland. Det är en säregen[47] ö mitt i[48] Östersjön,[49] som spelade[50] en viktig[51] roll under hansatiden.[52] Visby, dess enda stad, har alltjämt[53] kvar sin medeltida prägel[54] med trånga, slingrande[55] gator, stadsmur[56] med portar[57] och torn[58] och en rikedom[59] av kyrkoruiner.[60] Det är värt att göra en rundtur på ön, för naturen utmed dess kuster är storslagen[61] och intressant, och överallt[62] stöter man på[63] medeltida kyrkor. Det har sagts att var man än står på Gotland kan man se spirorna[64] av minst sju kyrkor. Hur som helst[65] så är många av dem värda ett besök.[66] Dessutom[67] bjuder Gotlands kuster på härliga sandstränder.

Från Visby kan Ni ta båt direkt till Kalmar, som även det har många minnen från hansatiden och ett praktfullt[68] slott. Men Kalmar är också en blomstrande[69] modern stad. Vik[70] en eller ett par dagar för Kalmar, och gör absolut en utflykt[71] till ön Öland, ett paradis[72] för målare[73] med sitt säregna färgspel[74] och Alvarets[75] stränga[76] linjer. Borgholms slottsruin har minnen från 400-talet; om Ni kan så gå dit upp i månsken[77] när ljusen från Kalmar glittrar[78] över sundet![79]

Om tiden räcker till bör Ni också se Skåne med dess många vackra slott och förtjusande medeltida städer som Simrishamn och Ystad. Skåne tillhörde[80] i många hundra år Danmark och har en helt annan byggnadsstil[81] än det övriga Sverige. Och naturligtvis måste Ni se Lund, Sveriges andra universitetsstad, med dess vackra romanska[82] domkyrka.

Lägg[83] återresan[84] till Göteborg genom Småland så får Ni återigen[85] se vidsträckta skogstrakter, berg med milsvid[86] utsikt och oräkneliga[87] sjöar—om Ni inte fått nog av dem!

Med bästa hälsningar

Eder

Karin Bengtsson

1 gladdened, inf. glädja; 2 are thinking; 3 car tour; 4 plan; 5 reward (lit., exchange); 6 steamer trip; 7 popular; 8 foreign; 9 tourists; 10 parts, districts; 11 map out; 12 full of variety; 13 round trip; 14 point; 15 unfortunately; 16 disappointed; 17 midnight sun; 18 day's journeys; 19 upper=northernmost; 20 tiring; 21 monotonous; 22 habitation; 23 eastwards;

24 extraordinarily; 25 hilly; 26 forest area; 27 follow; 28 famous; 29 describe; 30 defend; 31 plain; 32 omit; 33 saint; 34 delightful; 35 medieval; 36 houses; 37 above all; 38 exquisitely; 39 purest; 40 examples; 41 architecture; 42 country houses; 43 as far as; 44 look after; 45 surroundings; 46 ship; 47 strange; 48 in the middle of; 49 the Baltic Sea; 50 played; 51 important; 52 Hanseatic time; 53 still; 54 atmosphere; 55 windy; 56 city wall; 57 gateways; 58 towers; 59 abundance; 60 church ruins; 61 rugged; 62 everywhere; 63 hit on; 64 spires; 65 be that as it may; 66 visit; 67 moreover; 68 magnificent; 69 flourishing; 70 reserve; 71 excursion; 72 paradise; 73 painters; 74 interplay of colours; 75 name of the plateau which forms the centre of the island; 76 severe; 77 moonlight; 78 glitter; 79 straits; 80 belonged; 81 style; 82 Romanesque; 83 map out; 84 return journey; 85 again; 86 miles wide; 87 innumerable.

KUNG GUSTAV

Den avlidna[1] kung Gustav av Sverige var mycket intresserad av jakt[2] och brukade varje år under några dagar jaga älg[3] på Hunneberg i Västergötland.

En dag intog[4] det kungliga sällskapet kaffe i en skogvaktarstuga.[5] Det smakade[6] gott efter en kylig[7] höstdag[8] i skogen, och en av skogvaktarna lät[9] sig särskilt väl smaka[9] i det han, efter seden[10] på landet, doppade[11] brödet i sin kaffekopp. Någon viskade[12] förfärat[13] till honom:

"Så får Ni inte göra i Hans Majestäts närvaro,[14] det är inte fint!"[15]

Kung Gustav hörde viskningen. "Nej fint är det inte men det är gott," sade han, varpå[16] han själv doppade brödet i kaffet.

---

1 late; 2 shooting; 3 elks; 4 took (of meals); 5 game-keeper's cottage; 6 tasted; 7 cool; 8 autumn day; 9 enjoyed (of food); 10 custom; 11 dipped; 12 whispered; 13 appalled; 14 presence; 15 nice; 16 whereupon.

REGULAR VERBS.

There are three Classes of Regular Verbs.

CLASS I.

In this Class the Terminations are:

PRESENT TENSE.	PAST TENSE.	PAST PARTICIPLE.
ar	ade	at

All terminations are added to the STEM, which is the Verb without the final a. Example.

INFINITIVE.	PRESENT.	PAST.	PAST PARTICIPLE.
TO WORK arbeta	arbetar	arbetade	arbetat
ăhr'-beh-tăh	ăhr'-beh-tăhr	ăhr'-beh-tăh-der	ăhr'-beh-tăht

The following Verbs are conjugated like **arbeta.**

| betala | to pay |
| beh-tah'-lăh | |

| beundra | to admire |
| beh-un'-drăh | |

| borsta | to brush |
| borsh'-tăh | |

| börja | to begin |
| böhr'-yăh | |

| döda | to kill |
| döh'-dăh | |

| erinra sig | to remember |
| air'-in-răh seeg | |

| fråga | to ask |
| fraw'-găh | |

| fördärva | to spoil |
| föhr-der'-văh | |

| förlora | to lose |
| föhr-loo'-răh | |

| försegla | to seal |
| föhr-segh'-lăh | |

| förändra | to change |
| föhr-en'-drăh | |

| gräla | to grumble |
| grai'-lăh | |

| hälsa | to greet |
| hel'-săh | |

| hälsa på | to visit |
| hel'-săh paw | |

| hämta | to fetch |
| hem'-tăh | |

| jaga | to hunt |
| yah'-găh | |

| kasta | to throw |
| kăhs'-tăh | |

| klandra | to blame |
| klăhn'-drăh | |

| knacka | to knock |
| knăhk'-kăh | |

| koka | to boil, cook |
| koo'-kăh | |

kosta	to cost		svara	to answer
	kos'-tăh			svah'-răh
kämpa	to fight		tacka	to thank
	chem'-păh			tahk'-käh
lova	to promise		tala	to speak
	law'-văh			tah'-läh
lita på	to rely on		tappa	to lose
	lee'-tăh paw			tahp'-păh
låna	to borrow, lend		tjäna	to serve
	law'-näh			chai'-näh
lyssna	to listen		tvinga	to force
	lɛɛs'-näh			tving'-äh
längta efter	to long for		tvivla på	to doubt
	leng'-tăh ef'-ter			tveev'-läh paw
mena	to mean		tvätta	to wash
	meh'-näh			tvet'-tăh
promenera	to walk		underteckna	to sign
	proo-mer-neh'-răh			un'-der-tek-näh
roa sig	to enjoy oneself		upprepa	to repeat
	roo'-äh seeg			up'-reh-păh
räkna	to count		ursäkta	to excuse
	raik'-näh			ur'-sek-täh
röka	to smoke		vakna	to awake
	röh'-käh			vahk'-näh
rösta	to vote		vila	to rest
	röhs'-täh			vee'-läh
samla	to collect		visa	to show
	sähm'-läh			vee'-säh
segla	to sail		ångra sig	to repent
	seh'-gläh			ong'-räh seeg
smaka	to taste		älska	to love
	smah'-käh			els'-käh
spela	to play		ära	to honour
	speh'-läh			ai'-răh
straffa	to punish		önska	to wish, want
	strähf'-fäh			öhns'-käh
sucka	to sigh		öppna	to open
	suk'-käh			öhp'-näh

REGULAR VERBS (continued).

CLASS II.

In this Class the Terminations are:

PRESENT TENSE.	PAST TENSE.	PAST PARTICIPLE.
er	de or te	t

EXAMPLES: INFINITIVE.	PRESENT.	PAST.	PAST PARTICIPLE.
TO LIVE **leva**	**lever**	**levde**	**levt**
leh'-văh	leh'-ver	lehv'-der	lehvt
TO TRAVEL **resa**	**reser**	**reste**	**rest**
reh'-săh	reh'-ser	rehs'-ter	rehst

The following Verbs are conjugated like **leva**.

använda   to use
  ăhn'-ven-dăh
berömma   to praise
  beh-röhm'-măh
bränna   to burn
  bren'-näh
bygga   to build
  bEEg'-găh
drömma   to dream
  dröhm'-măh
följa   to follow
  föhl'-yăh
föra*   to lead
  föh'-răh
förbereda   to prepare
  föhr'-beh-reh-dăh
glömma   to forget
  glöhm'-măh
godkänna   to approve
  good-chen'-näh
gräva   to dig
  grai'-văh
höra*   to hear
  höh'-răh

jämföra*   to compare
  yem'-föh-răh
kläda på   to dress
  klai'-dăh paw
känna   to know
  chen'-näh
köra*   to drive
  chöh'-răh
lära*   to learn
  lai'-răh
ställa   to put, place
  stel'-lăh
stänga   to shut
  steng'-ăh
sända   to send
  sen'-dăh
tända   to light
  ten'-dăh
vidröra*   to touch
  veed'-röh-răh
väga   to weigh
  vai'-găh

* If the Stem ends in **r** no ending is added to the PRESENT TENSE, as:
I lead, **jag för.**

The following Verbs are conjugated like **resa.**

avresa	to depart		möta	to meet
	ahv'-reh-săh			möh'-tăh
blåsa	to blow		samtycka	to consent
	blaw'-săh			săhm'-tEE-kăh
insvepa	to wrap up		sträcka	to stretch
	in'-sveh-păh			strek'-kăh
köpa	to buy		tycka om	to like
	chöh'-păh			tEE'-kăh om
läsa	to read		tänka	to think
	lai'-săh			ten'-kăh
leka	to play		*växa	to grow
	leh'-kăh (as children)			vex'-ăh

CLASS III.

PRESENT TENSE.	PAST TENSE.	PAST PARTICIPLE.
r	**dde**	**tt**

EXAMPLE: INFINITIVE.	PRESENT.	PAST.	PAST PARTICIPLE.
TO BELIEVE **tro**	**tror**	**trodde**	**trott**

The following Verbs are conjugated like **tro.**

bo	to dwell, live		gry	to dawn
	boo			grEE
bry	to confuse			
	brEE		ro	to row
			roo	
bry sig om	to mind, care			
	brEE seeg om		sy	to sew
fly	to flee		sEE	
	flEE			
gro	to grow		så	to sow
	groo		saw	

* Sometimes treated as an Irregular Verb, see page 139.

LIST OF THE MOST IMPORTANT IRREGULAR VERBS.

It has been mentioned (pp. 11 and 37) that separate plural forms of the verbs used to exist in the present tense, and that these are still used in formal written Swedish.

In the PRESENT TENSE, the plural ending was the same as for the infinitive, e.g. **att läsa** (to read), **vi läsa** (we read); **att tro** (to believe), **de tro** (they believe).

The PAST TENSE of REGULAR VERBS has the same ending in the Singular and Plural, e.g. **jag talade** (I spoke), **vi talade** (we spoke); **du köpte** (you [sing.] bought); **ni köpte** (you [plural] bought); **han trodde** (he believed), **de trodde** (they believed).

The PAST TENSE of IRREGULAR VERBS had a different plural usually ending in **o**, and in many verbs the vowel of the stem is also changed.

In the following list of IRREGULAR VERBS, both Singular and Plural forms of the Past Tense are indicated. Students need not, however, use the plural form.

INFINITIVE.	PRESENT TENSE.	PAST TENSE. SINGULAR.	PAST TENSE. PLURAL.	PAST PARTICIPLE.
be, to pray, beg beh	ber behr	bad bahd	bådo baw′-doo	bett bet
binda, to bind bin′-däh	binder bin′-der	band bähnd	bundo bun′-doo	bundit bun′-dit
bita, to bite bee′-täh	biter bee′-ter	bet beht	beto beh′-too	bitit bee′-tit

INFINITIVE.	PRESENT TENSE.	PAST TENSE. SINGULAR.	PLURAL.	PAST PARTICIPLE.
bjuda, to invite byu'-däh	bjuder byu'-der	bjöd byöhd	bjödo byöh'-doo	bjudit byu'-dit
bliva, to remain blee'-väh	blir bleer	blev blehv	blevo bleh'-voo	blivit blee'-vit
brinna, to burn brin'-näh	brinner brin'-ner	brann brähn	brunno brun'-noo	brunnit brun'-nit
brista, to burst bris'-täh	brister bris'-ter	brast brähst	brusto brus'-too	brustit brus'-tit
bryta, to break bree'-täh	bryter bree'-ter	bröt bröht	bröto bröh'-too	brutit bru'-tit
bära, to carry bai'-räh	bär bair	bar bahr	buro bu'-roo	burit bu'-rit
draga, to draw drah'-gäh	drar drahr	drog droog	drogo droo'-goo	dragit drah'-guit
dricka, to drink drik'-käh	dricker drik'-ker	drack drähk	drucko druk'-koo	druckit druk'-kit
dö, to die döh	dör döhr	dog doog	dogo doo'-goo	dött döht
falla, to fall fähl'-läh	faller fähl'-ler	föll föhl	föllo föhl'-loo	fallit fähl'-lit

Infinitive	Present	Past (sing.)	Past (pl.)	Supine
fara, to drive fah'-räh	far fahr	for foor	foro foo'-roo	farit fah'-rit
finna, to find fin'-näh	finner fin'-ner	fann fähn	funno fun'-noo	funnit fun'-nit
flyga, to fly flEE'-gäh	flyger flEE'-guer	flög flöhg	flögo flöh'-goo	flugit flU'-guit
frysa, to freeze frEE'-säh	fryser frEE'-ser	frös fröhs	fröso fröh'-soo	frusit frU'-sit
få, to get faw	får fawr	fick fik	fingo fing'-oo	fått fot
ge, to give yeh	ger yehr	gav gahv	gåvo gaw'-voo	givit or gett yee'-vit, yet
glädja, to give pleasure glai'-däh	gläder glai'-der		gladde glähd-der	glatt gläht
gråta, to cry, weep graw'-täh	gråter graw'-ter	grät grait	gräto grai'-too	gråtit graw'-tit
gå, to walk, go gaw	går gawr	gick yik	gingo ying'-oo	gått gott
göra, to do yöh'-räh	gör yöhr		gjorde yoor'-der as	gjort yoort
heta, to be called heh'-täh	heter heh'-ter	hette het'-ter	hette het'-ter	hetat heh'-täht
hålla, to hold hol'-läh	håller hol'-ler	höll höhl	höllo höhl'-loo	hållit hol'-lit

INFINITIVE.	PRESENT TENSE.	PAST TENSE. SINGULAR.	PLURAL.	PAST PARTICIPLE.
knyta, to tie knEE'-tåh	knyter knEE'-ter	knöt knöht	knöto knöh'-too	knutit knʊ'-tit
komma, to come kom'-måh	kommer kom'-mer	kom kom	kommo kom'-moo	kommit kom'-mit
krypa, to crawl krEE'-påh	kryper krEE'-per	kröp kröhp	kröpo kröh'-poo	krupit krʊ'-pit
kunna, to be able kun'-nåh to know	kan kåhn	kunde kun'-der		kunnat kun'-nåht
le, to smile leh	ler lehr			lett let
leva, to live leh'-våh	lever leh'-ver	levde lehv'-der		levat leh'-våht
lida, to suffer lee'-dåh	lider lee'-der	led lehd	ledo leh'-doo	lidit lee'-dit
ligga, to lie down lig'-gåh	ligger lig'-guer	låg lawg	lågo law'-goo	legat leh'-gåht
ljuga, to lie (tell a lie) yʊ'-gåh	ljuger yʊ'-guer	ljög yöhg	ljögo yöh'-goo	ljugit yʊ'-guit
lyda, to obey lEE'-dåh	lyder lEE'-der	lydde lEED'-der		lytt lEEt

låta, to let (be) law'-täh	låter law'-ter	låt lait	låto lai'-too	låtit law'-tit
lägga, to lay, put leg'-gäh	lägger leg'-guer		lade lah'-der	lagt lähkt
mäta, to measure mai'-täh	mäter mai'-ter		mätte met'-ter	mätit mai'-tit
njuta, to enjoy nyʊ'-täh	njuter nyʊ'-ter	njöt nyöht	njöto nyöh'-too	njutit nyʊ'-tit
rida, to ride ree'-däh	rider ree'-der	red rehd	redo reh'-doo	ridit ree'-dit
se, to see seh	ser sehr	såg sawg	sågo saw'-goo	sett set
simma, to swim sim'-mäh	simmar sim'-mähr	sam sähm	summo sum'-moo	summit sum'-mit
sitta, to sit sit'-täh	sitter sit'-ter	satt säht	sutto sut'-too	suttit sut'-tit
sjunga, to sing shʊng'-äh	sjunger shʊng'-er	sjöng shöhng	sjöngo shöhng'-oo	sjungit shʊng'-it
sjunka, to sink shʊn'-käh	sjunker shʊn'-ker	sjönk shöhnk	sjönko shöhn'-koo	sjunkit shʊn'-kit
skina, to shine shee'-näh	skiner shee'-ner	sken shehn	skeno sheh'-noo	skinit shee'-nit

INFINITIVE.	PRESENT TENSE.	PAST TENSE SINGULAR.	PAST TENSE PLURAL.	PAST PARTICIPLE.
skjuta, to shoot shu'-täh	skjuter shu'-ter	sköt shöht	sköto shöh'-too	skjutit shu'-tit
skriva, to write skree'-väh	skriver skree'-ver	skrev skrehv	skrevo skreh'-voo	skrivit skree'-vit
skära, to cut shai'-räh	skär shair	skar skahr	skuro sku'-roo	skurit sku'-rit
slå, to beat slaw	slår slawr	slog sloog	slogo sloo'-goo	slagit slah'-guit
sova, to sleep saw'-väh	sover saw'-ver	sov sawv	sovo saw'-voo	sovit saw'-vit
springa, to run spring'-äh	springer spring'-er	sprang sprähng	sprungo sprung'-oo	sprungit sprung'-it
sticka, to sting stik'-käh	sticker stik'-ker	stack stähk	stucko stuk'-koo	stuckit stuk'-kit
stjäla, to steal shai'-läh	stjäl shail	stal stahl	stulo stu'-loo	stulit stu'-lit
stå, to stand staw	står stawr	stod stood	stodo stoo'-doo	stått stott
svära, to swear svai'-räh	svär svair	svor svoor	svuro svu'-roo	svurit svu'-rit

säga, to say sai'-gäh	säger sai'-guer		sade (sa) sah'-*der* (sah)	sagt sähkt
sälja, to sell sel'-yäh	säljer sel'-yer		sålde sol'-*der*	sålt solt
sätta, to place set'-täh	sätter set'-*ter*		satte säht'-*ter*	satt sähtt
taga, to take tah'-gäh	tar tahr	tog toog	togo too'-goo	tagit tah'-guit
tvinga, to force tving'-äh	tvingar tving'-äh		tvingade tving'-ah-*der*	tvungit tvung'-it
veta, to know (a fact) veh'-täh	vet veht		visste vis'-*ter*	vetat veh'-täht
vilja, to want, wish vil'-yäh	vill vill		ville vil'-*ler*	velat veh'-läht
välja, to choose vel'-yäh	väljer vel'-yer		valde vahl'-*der*	valt vahlt
vänja, to be accustomed ven'-yäh	vänjer ven'-yer		vande vahn'-*der*	vant vahnt
växa, to grow vex'-äh	växer vex'-er		växte vex'-*ter*	vuxit vux'-it
äta, to eat ai'-täh	äter ai'-*ter*	åt awt	åto aw'-too	ätit ai'-tit

PRONOUNS.

PERSONAL PRONOUNS.

SUBJECTIVE.			OBJECTIVE.		POSSESSIVE.	
I	**jag**		ME	**mig**	MY	**min**
	yahg			meeg	MINE	min
YOU	**du***		YOU	**dig***	YOUR, THY	**din***
THOU	du		THEE	deeg	YOURS, THINE	din
HE	**han**		HIM	**honom**	HIS	**hans, sin***
	hăhn			ho'-nom		hăhns, sin
SHE	**hon**		HER	**henne**	HER	**hennes, sin**
	hoor			hen'-ner	HERS,	hen'-nes, sin
IT {	**den**	(com.)	IT {	**den**	ITS	**dess, sin, sitt**
	det	(neut.)		**det**		dess, sin, sit
	den,	deht		den,	deht	
WE	**vi**		US	**oss**	OUR	**vår**
	vee			oss	OURS	vawr
YOU	**ni***		YOU	**er*, eder***	YOUR }	**er,* eder***
	nee			ehr, eh'-der	YOURS }	
						ehr, eh'-der
THEY	**de**		THEM	**dem**	THEIR	**deras**
	deh			dem	THEIRS	day'-răhs

The POSSESSIVE PRONOUNS, **min, din, sin, vår, er, eder**, are declined like Adjectives; that is, they have distinctive Neuter and Plural forms, as:

	COMMON GENDER.	NEUTER.	PLURAL.
MY, MINE	**min**	**mitt**	**mina**
	min	mit	mee'-năh
YOUR, YOURS	**din**	**ditt**	**dina**
THY, THINE	din	dit	dee'-năh
HIS, HER	**sin**	**sitt**	**sina**
HERS, THEIR	sin	sit	see'-năh
OUR, OURS	**vår**	**vårt**	**våra**
	vawr	vawrt	vaw'-răh
YOUR, YOURS {	**er**	**ert**	**era**
	eder	**edert**	**edra**
	ehr, eh'-der	ehrt, eh'-dert	eh'-rah, eh'-drăh

* See Notes 1 and 2 on next page.

NOTE 1.—**du, dig, din** are used in addressing familiar friends and children. In all other cases the forms for the Second Person Singular and Plural are **ni, er, eder, edra; er** is used in conversation, **eder** or **edra** is used in correspondence. In WRITTEN Swedish, all the above forms have Capital Initials.

NOTE 2.—**sin, sitt, sina** (his, her, their) are used when in English the word **own** (his own, her own, their own) is either expressed or understood, as distinctive from the ordinary forms **hans, hennes, deras**, which have an objective meaning, as illustrated in the following phrases:—

he took his (own) book	**han tog sin bok**
he took his (someone else's) book	**han tog hans bok**
she is reading her (own) letter	**hon läser sitt brev**
she is reading her (someone else's) letter	**hon läser hennes brev**
they went into their (own) garden	**de gick i sin trädgård**
they went into their (some other people's) garden	**de gick i deras trädgård**

REFLEXIVE PRONOUNS.

There is only one really REFLEXIVE PRONOUN, namely **sig** (seeg), which is used for the Third Person, Singular and Plural, and stands for HIMSELF, HERSELF, THEMSELVES.

The REFLEXIVE FORMS for the other Pronouns are the same as the objective, thus:

MYSELF	**mig** meeg	YOURSELF	**dig** or **er** deeg ehr
OURSELVES	**oss** oss	YOURSELVES	**er** or **eder** ehr eh'-der

(see Reflexive Verbs, page 115)

RELATIVE PRONOUNS.

WHO, WHOM, WHICH, THAT are all rendered by **som.**
som

	COMMON GENDER.	NEUTER.	PLURAL.
WHICH (referring to things)	**vilken** vil'-ken	**vilket** vil'-ket	**vilka** vil'-käh

INTERROGATIVE PRONOUNS.

WHO? WHOM?	**vem?**	WHOSE?	**vems?**	WHAT?	**vad?**
	vem		vems		vahd

	COMMON GENDER.	NEUTER.	PLURAL.
WHICH?	**vilken?**	**vilket?**	**vilka?**
	vil'-ken	vil'-ket	vil'-kăh

DEMONSTRATIVE PRONOUNS.

	COMMON GENDER.	NEUTER.		PLURAL
THIS	{**den här**	**det här**	THESE	{**de här**
THIS ONE	**denna**	**detta**		**dessa**
	den hair, den'-năh	det hair, det'-tăh		deh hair, des'-săh
THAT	{**den där**	**det där**	THOSE	{**de där**
THAT ONE	**denna**	**detta**		**dessa**
	den dair, den'-năh	det dair, det'-tăh		deh dair, des'-săh

INDEFINITE PRONOUNS.

ONE	**en** or **ett** n.		EACH ⎫	**var, varje**
	en ett		EVERY ⎭	vahr, văhr'-yer
ONE, YOU, ⎫	**man**		EVERYONE	**var och en**
PEOPLE ⎭	măhn			vahr ock en
SOMEBODY ⎫	**någon**		„ Neuter ⎫**vart**	
ANYBODY ⎭	naw'-gon		Form ⎭**vart och ett**	
SOMETHING ⎫	**någonting**		vahrt, vahrt ock et	
ANYTHING ⎭	**något**			
	naw'-gon-ting, naw'-got		BOTH	**bägge**
NOBODY	**ingen**			beg'-guer
	ing'-en		EACH OTHER	**varandra**
NOTHING ⎫	**ingenting**			vahr-ahn'-drăh
⎭	**intet**		MANY	**många**
	ing'-en-ting, in'-tet			mong'-ăh

	COMMON GENDER	NEUTER	PLURAL
ALL	**all, hela**	**allt, helt**	**alla**
(the whole)	ăhl heh'-lăh	ăhlt hehlt	ăhl'-lăh

LIST OF INDISPENSABLE WORDS.
Adverbs, Adverbial Expressions, Prepositions, Conjunctions.

aldrig   never
    ähl'-drig

allra högst   at most
    ähl'-räh höhgst

allra minst   at least
    ähl'-räh minst

alltid   always
    ähl'-tid

alltså   thus, therefore
    ählt'-saw

annars   otherwise
    ähn'-nahrs

antingen... eller either... or
    ähn'-ting-en ... el'-ler

av   of, by, from
    ahv

bakom   behind
    bahk'-om

bara   only
    bah'-räh

bland   between, among
    blähnd

bortom   beyond
    bort'-om

bredvid   beside
    bred-veed'

bättre   better
    bet'-tre*r*

delvis   partially
    dehl'-vees

dessutom   besides
    des'-u-tom

dock   however
    dock

då   then, when
    daw

därefter   thereupon
    dair'-ef-ter

därför   therefore
    dair'-föhr

efter   after
    ef'-ter

eller   or
    el'-ler

emedan   because
    eh-meh'-dähn

emellan   between
    eh-mel'-lähn

emot   towards
    eh-moot'

endast   only
    en'-dähst

fort   quickly
    foort

framför   in front of
    frähm'-föhr

framför allt   above all
    frähm'-föhr alt

framåt   forward
    frähm'-awt

från   from
    frawn

fullständig   fully
    ful'-sten-dig

följaktligen   consequently
    föhl'-ee-ähkt-li-guen

för   for
    föhr

för att   because
    föhr äht

före   before
    föh'-re*r*

i framtiden   in the future
    ee frähm'-tee-den

List of Indispensable Words (*continued*).

förra, föregående previously
föhr'-răh, föh'-*rer*-gaw-en-d*er*

först   at first
föhrst

förstås   of course
föhrst-aws'

genast   immediately
yeh'-năhst

genom   through
yeh'-nom

gärna   willingly
yair'-năh

hela   all, the whole
heh'-lăh

hellre   rather
hel'-*rer*

helt och hållet   entirely
hehlt ock hol'-let

hurudan   how
hʊr'-ʊ-dăhn

hur, huru   how
hʊr, hʊr'-ʊ, (in what manner)

hur mycket   how much
hʊr mee'-ket

händelsevis   accidentally
hen'-del-s*er*-vees

härav   hence
hair'-ăhv

härmed   herewith
hair'-mehd

i   in, into
ee

ibland   among, sometimes
ee-blăhnd'

icke desto mindre
              nevertheless
ik'-k*er* dess'-too min'-dr*er*

i enlighet med accordingly
ee ehn'-lig-heht mehd

i fall   in case
ee făhl

igen   again
ee-yen'

ingalunda   by no means
ing'-ăh-lun'dăh

ingen   none, not any
ing'-en

ingenstans   nowhere
ing'-en-stăhns

innanför   inside
in'-năhn-föhr

inom   within
in'-om

i stället för instead of
ee stel'-let föhr

i tid   in time
ee teed

kanske   perhaps
kăhn'-sh*er*

knappast   hardly
knăhp'-păhst

kort   briefly
kort

litet   some, a little
lee'-tet

långt bort   far away
longt bort

med   with
mehd

med mera   and so forth
mehd meh'-răh

med mindre   unless
mehd min'-dr*er*

mellan   between
mel'-lăhn

men   but
men

List of Indispensable Words *(continued).*

mitt emot   opposite
    mit eh-moot'

mot   against
    moot

naturligtvis   naturally
    năh-tʊr'-ligt-vees

nedanför   below
    neh'-dăhn-föhr

nog   enough
    noog

nu   now, at present
    nʊ

något   something, anything
    naw'-got

när   when
    nair

nära   near, close to
    nai'-räh

nästan   almost
    nais'-tăhn

oaktat   although
    oo'-ăhk-tăht

och   and
    ock

också   also
    ock'-saw

ofta   often
    of'-tăh

om   if, whether
    om

omkring   about
    om-kring'

otvivelaktigt undoubtedly
    oo'-tvee-vel-ăhk-tigt

ovanför   above
    aw'-văhn-föhr

plötsligt   suddenly
    plöhts'-ligt

precis   exactly
    preh-cees'

på   on, upon
    paw

på grund av   on account of
    paw grund ahv

raskt   quickly
    răhskt

redan   already
    reh'-dăhn

sedan   since
    seh'-dăhn

sent   late
    sehnt

sista   last
    sis'-tăh

snarare   preferably
    snah'-răh-rer

snart   soon
    snahrt

som   as
    som

strax   at once
    străhks

så snart som   as soon as
    saw snahrt som

såvida   unless
    saw-vee'-dăh

säkert   surely
    sai'-kert

sällan   seldom
    sel'-lăhn

tidigt   early
    tee'-digt

till bords   at table
    til boords

till   at, by, to, till
    til

tillbaka   back
    til-bah'-kăh

List of Indispensable Words (*continued*).

till höger   to the right
   til höh'-guer

tillräckligt   sufficient
   til-rek'-ligt

tills   until
   tils

tillsammans   together
   til-sahm'-măhns

till sist   at last
   til sist

till vänster   to the left
   til ven'-ster

tvärs över   across
   tvers öh'-ver

tvärt emot on the contrary
   tvert eh-moot'

ty   because
   tEE

tämligen   fairly
   tem'-li-guen

under   under, during
   un'-der

uppåt   upwards
   up'-awt

utan   without
   u'-tăhn

utanför   outside
   u'-tăhn-föhr

utmärkt   exceedingly
   ut'-merkt

utom   except
   ut'-om

utomordentligt
              extraordinarily
   ut'-tom-or-dent-leegt

var   where
   vahr

varemot   whereas
   vahr'-eh-moot

varför   why
   vahr'-föhr

varken ... eller
              neither ... nor
   vahr'-ken ... el'-ler

var som helst anywhere
   vahr som helst

verkligen   indeed
   verk'-lee-guen

vid   by, at
   veed

åtminstone   at least
   awt-min'-sto-ner

ännu   still, yet
   en'-nu

även om   even if
   ai'-ven om

överallt   everywhere
   öh'-ver-ăhlt

---

nordlig   northward
   noord'-lig

sydlig   southward
   sEEd'-lig

östlig   eastward
   öhst'-lig

västlig   westward
   vest'-lig

norr om   to the north
   nor om

söder om   to the south
   söh'-der om

öster om   to the east
   öhs'-ter om

väster om   to the west
   ves'-ter om

SWEDISH CORRESPONDENCE.

The date at the head of letters is expressed in Cardinal Numbers. It stands BEFORE the name of the month, and is preceded by **den,** as:

London, January 1st, 19— **London den 1 januari 19—**
Stockholm, March 12th, 19— **Stockholm den 12 mars 19—**

FORMS FOR BEGINNING LETTERS.

ORDINARY BUSINESS FORMS.

Sir, Dear Sir **Herr Sven Olson***
Madam, Dear Madam **Fru Greta Berg**

* The Christian name and surname of the person addressed are always expressed in Swedish correspondence.

In writing to a Firm or Company, the name of such Firm or Company is written at the head of the letter, and NO other form of address is used, such as: Sir, or Gentlemen.

ORDINARY FORM.

Dear Mr. A— **Bästa Herr A—** Dear Mrs. B— **Bästa Fru B—**
Dear Miss C— **Bästa Fröken C—**

FAMILIAR FORM.

Dear Paul **Kära (chai'-räh) Paul** Dear friends **Kära vänner**

FORMS FOR ENDING LETTERS.

Yours truly }
Yours faithfully} **Högaktningsfullt** (höhg'-akt-nings-fult)
Yours sincerely **Eder** (eh'-der)
Yours affectionately **Din tillgivna** (til-yeev'-näh)

In the address on the envelope of a letter, the following points should be observed:

Mr. and Esq. = **Herr** Mrs. = **Fru**
Miss = **Fröken**

The first Christian name should be written out in full; no initials:
Herr Anders Karlsson.

The number of the house is placed AFTER the name of the street, and as in Sweden practically all houses are divided into flats, the number of the floor is added in Roman figures, thus:

Drottninggatan 25 III Göteborg.

SOME USEFUL NOUNS.

THE HOUSE

the roof — taket
tah'-ket

the walls — väggarna
veg'-gähr-näh

the chimney — skorstenen
skorsh'-teh-nen

the floor — golvet
gol'-vet

the room — rummet
rum'-met

the kitchen — köket
chöh'-ket

the door — dörren
döhr'-ren

the windows — fönstren
föhn'-stren

the fireplace — kakelugnen
kah'-kel-ung-nen

the stairs — trapporna
trăhp'-poor-näh

the furniture — möblerna
möh'-bler-näh

a table — ett bord
et boord

a writing table — ett skrivbord
et skreev'-boord

a chair — en stol
en stool

an armchair — en länstol
en len'-stool

a cupboard — ett skåp
et skawp

a bookcase — ett bokskåp
et book'-skawp

a carpet — en matta
en măht'-täh

a curtain — en gardin
en gähr-deen'

a looking-glass — en spegel
en speh'-guel

AT TABLE

a knife — en kniv
en kneev

a spoon — en sked
en shehd

a fork — en gaffel
en gähf'-fel

a plate — en tallrik
en tăhl'-reek

a dish — ett fat
et faht

a glass — ett glas
et glahs

a cup — en kopp
en kop

a saucer — ett tefat
et teh'-faht

salt — salt
săhlt

mustard — senap
seh'-năhp

pepper — peppar
pep'-păhr

CLOTHES, etc.

a coat — en rock
en rok

a lady's coat — en kappa
en kăhp'-păh

a dress — en klänning
en klen'-ning

boots — kängor
cheng'-or

shoes — skor
skoor

slippers — tofflor
tof'-lor

gloves — handskar
hăhn'-skăhr

a pocket handkerchief — en näsduk
en nais'-dʊk

PRACTICAL CONVERSATIONAL SENTENCES.

Do you speak Swedish or English? — Talar ni svenska eller engelska?

I speak both languages. — Jag talar båda delarna.

You are welcome. — Välkommen.

I am glad to see you. — Det gläder mig att se er.

They were not pleased to hear that. — De var inte glada att höra det.

We are fortunate (= have fortune) to find you at home. — Vi har tur som träffar er hemma.

Please give me your hat and gloves. — Var vänlig ge mig er hatt och era handskar.

Many thanks. — Tack or Tack så mycket.

Have you been here long? — Har ni varit här länge?

I have been here two months. — Jag har varit här två månader.

What have you to say? — Vad har ni att tala om?

I have something to show you. — Jag har något att visa er.

A week ago we were in the country. — Vi var på landet för en vecka sedan.

We came back last night. — Vi kom tillbaka igår kväll.

Do you want an umbrella or a stick? — Vill ni ha ett paraply eller en käpp? [len.

I do not want either — Jag vill inte ha någondera de-

I will come with you now. — Jag kommer med er nu.

It is better to arrive too early than too late. — Det är bättre att komma för tidigt än för sent.

Why will you not go to the theatre to-morrow? — Varför vill ni inte gå på teatern i morgon?

Who told you so? — Vem har sagt det?

I cannot remember. — Det kommer jag inte ihåg.

He always talks of other people's concerns. — Han talar alltid om andras angelägenheter.

Do not speak so loudly.	Tala inte så högt.
Everybody can hear you.	Alla kan höra er.
Wait a little longer.	Vänta litet längre.
The post has not come in yet.	Posten har inte kommit än (= ännu).
I cannot do it now.	Jag kan inte göra det nu.
Listen to me a moment.	Hör på mig ett ögonblick.
Please take a seat.	Var så god och sitt.
Are you hungry or thirsty?	Är ni hungrig eller törstig?
I should like a glass of wine.	Jag vill gärna ha ett glas vin.
Please give me some bread and cheese.	Var vänlig ge mig litet bröd och ost.
What will you drink?	Vad vill ni dricka?'
Is there any beer?	Finns det något öl?
I should like a cup of coffee.	Jag skulle tycka om en kopp kaffe.
I am rather (= quite) tired.	Jag är ganska trött.
It is not very late yet.	Det är inte så sent.
His watch is always fast.	Hans klocka går alltid för fort.
It is exactly ten o'clock.	Klockan är precis tio.
My watch has stopped.	Min klocka har stannat.
It stopped at five o'clock.	Den stannade klockan fem.
I don't know what is the matter with it.	Jag vet inte vad det är för fel med den.
It does not matter at all.	Det gör ingenting.
I am going to read the paper.	Jag skall läsa tidningen.
Is there any important news?	Är det några viktiga nyheter?
There is very little news to-day.	Det är mycket litet nytt i dag.
Shall I shut the door?	Skall jag stänga dörren?
Could you not hear the speaker?	Kunde ni inte höra talaren?
Yes, but we could not understand what he said.	Jo, men vi kunde inte förstå vad han sa.

We are doing what we can.	Vi gör vad vi kan.
Will you do it for me?	Vill ni göra det för mig?
I took advantage of his silence.	Jag begagnade mig av hans tystnad.
I explained what you had told me.	Jag förklarade vad ni sagt mig.
We shall take advantage of your offer.	Vi skall begagna oss av ert förslag.
Both these books are ours.	Båda dessa böcker är våra.
Both shops belong to that merchant.	Båda butikerna är den där köpmannens.
Which of the two do you prefer?	Vilken av dem föredrar ni?
They detained me more than an hour.	De uppehöll mig över en timme.
They were listening to the commentary on the radio.	De lyssnade på dagens eko i radio.
He slept for nearly two hours.	Han sov nästan två timmar.
There are more than fifty ships in the harbour.	Det är över femtio båtar i hamnen.
I receive more than twenty letters a day.	Jag får mer än tjugo brev om dagen.
There are still many people who can neither read nor write.	Det finns fortfarande många människor som varken kan läsa eller skriva.
We bought it the day before yesterday.	Vi köpte det i förrgår.
I will send it the day after to-morrow.	Jag skall sända det i övermorgon.
They will come back at the end of the month.	De kommer tillbaka i slutet av månaden.
How long have you been living here?	Hur länge har ni bott här?
Since last month.	Sedan förra månaden.
For about a year.	Omkring ett år.
Seeing is believing.	Att se är att tro.

Breakfast is ready. | Frukosten är färdig.
Is dinner ready? | Är middagen färdig?
Will you not stay to supper? | Vill ni inte stanna till supén?
We hope to see the play on television. | Vi hoppas få se pjäsen på television.
I remember this street very well. | Jag kommer mycket väl ihåg den här gatan.
Do you remember that song? | Kommer ni ihåg den där sången?

I remember this song, but not that one. | Jag kommer ihåg den här sången, men inte den där.
I cannot go any further. | Jag kan inte gå längre.
I have never walked so far. | Jag har aldrig gått så långt
Now I am tired. | Nu är jag trött.   [förr
Let us sit down here. | Låt oss sätta oss här.
It is nice and shady. | Det är vackert och skuggigt
Your coat does not fit you. | Er kappa passar er inte.
It is too wide, too long. | Den är både för vid och för
Where did you buy it? | Var köpte ni den?   [lång
It looks too tight. | Den ser ut att vara för trång
I like that hat. | Jag tycker om den där hatten.

It suits you very well. | Den klär er utmärkt.
It is rather too small. | Den är nästan för liten.
A large hat suits you better. | En stor hatt passar er bättre
I shall finish all this work to-day. | Jag skall göra allt det här idag.
I am waiting for the letters. | Jag väntar på breven.
He promised to let me have them to-day. | Han lovade att jag skulle få dem idag.
We cannot wait any longer. | Vi kan inte vänta längre.
I have come to ask when you will be ready. | Jag kommer för att fråga när ni blir färdig.
Do not wait for me. | Vänta inte på mig.
I shall go home when I am ready. | Jag skall gå hem, då jag blir färdig.

What are these things called?	Vad kallar man de här?
I don't know what they are called.	Det vet jag inte.
I did not hear the question.	Jag hörde inte vad ni frågade.
I cannot always hear what is said.	Jag kan inte alltid uppfatta vad som säges.
They do not speak distinctly.	De talar inte tydligt.
Do you find it difficult to understand me?	Tycker ni det är svårt att förstå mig?
What is the date?	Vilket datum är det?
The first, second, third.	Den första, andra, tredje.
Will you post this letter for me?	Vill ni posta det här brevet för mig?
He will send the answer to-morrow.	Han besvarar brevet i morgon. [rade.
These letters are not dated.	De här breven är inte date-
What is the price of this?	Hur mycket kostar det här?
How do you sell these?	Hur säljer ni de här?
Is this the lowest price?	Är det här det lägsta priset?
We paid the highest price.	Vi betalade det högsta priset.
We cannot reduce our prices.	Vi kan inte sätta ner våra priser.
This is a cheap article.	Detta är en billig vara.
It appears to me to be too much.	Jag tycker det är för mycket.
How much will you take?	Hur mycket önskar ni?
Do you think this is good	Tror ni det här är bra nog?
It is too good. [enough?	Det är för bra.
I am not satisfied with my purchase.	Jag är inte belåten med vad jag köpte.
These boots do not fit me.	De här kängorna passar mig
They are too narrow.	De är för trånga. [inte.
They are not broad enough.	De är inte tillräckligt breda.
The soles are too thick.	Sulorna är för tjocka.
I will take the shoes only.	Jag vill bara ha skorna.

Did the gloves fit you?	Passade handskarna er?
They are a size too large.	De är ett nummer för stora.
I will change them for you.	Jag skall byta ut dem för er.
How do you like this ring?	Hur tycker ni om den här ringen?
It fits me very well.	Den passar mig utmärkt.
The other one was too small.	Den andra var för liten.
I like this one, that one.	Jag tycker om den här, den där.
How much does it cost?	Hur mycket kostar den?
That is not too much.	Det är inte för mycket.
Show me some other rings.	Visa mig några andra ringar.
Have you any change?	Har ni växel?
I have just changed a fifty-krone note.	Jag har just växlat en femtio-kronesedel.
You can change money here.	Ni kan växla pengar här.
Nobody likes to be deceived.	Ingen vill gärna bli bedragen.
I thought he wanted to deceive me.	Jag trodde han ville bedraga mig.
One never knows exactly what he means.	Man vet aldrig bestämt vad han menar.
I mean what I say.	Jag menar vad jag säger.
Everybody knows that.	Alla vet det.
Nobody knows where he is.	Ingen vet var han är.
I assure you that I did not do it.	Jag försäkrar (er) att jag inte gjorde det.
I wrote the letter while he was speaking.	Jag skrev brevet medan han talade.
While they were waiting, he went out.	Medan de väntade gick han ut.
Before I went, I sent the message.	Innan jag gick skickade jag budet.
After many days, they found it.	Efter många dagar fan de det.

This tram goes very slowly.	Den här spårvagnen går mycket långsamt.
It has to stop very often.	Den måste stanna mycket ofta.
It would be quicker to walk.	Det går fortare att gå.
But it is rather a long distance.	Men det är ganska långt dit.
It would be too tiring.	Det skulle bli för tröttsamt.
I have a heavy parcel to carry.	Jag har ett tungt paket att bära.
Did you see your friend on Friday?	Träffade ni er vän i fredags?
He generally dines with us on Sundays.	Han äter vanligen middag hos oss om söndagarna.
I expect him next Saturday.	Jag väntar honom om lördag.
They often come to visit us.	De kommer ofta och hälsar på oss.
We saw her last Wednesday.	Vi träffade henne i onsdags.
They were married on Tuesday, the 15th of February.	De gifte sig tisdagen den femtonde februari.
He arrived on the 18th of December.	Han kom den adertonde december.
The accident happened on Monday, May 20th.	Olyckshändelsen skedde måndagen den tjugonde maj.
They came home last Sunday.	De kom hem i söndags.
We were going to sit down to table without him.	Vi skulle just sätta oss tillbords utan honom.
This table is two metres long.	Det här bordet är två meter långt.
The walls were three feet thick.	Väggarna var tre fot tjocka.
What is the width of this street?	Hur bred är den här gatan?
The street is ten metres wide.	Gatan är tio meter bred.
What is the depth of the lake?	Hur djup är sjön?
That is what you ought to do.	Det är vad ni borde göra.

Did you explain all that to him?

Förklarade ni allt det där för honom?

Yes, fully and clearly.

Ja, klart och tydligt.

He understands it perfectly now.

Han förstår det fullständigt nu.

I shall be disengaged in a few minutes.

Jag blir ledig om ett par minuter.

I have hardly had time to speak to him.

Jag har knappast haft tid att tala med honom.

Sometimes we have very little to do.

Ibland har vi mycket litet att göra.

Some of these letters must be written to-day.

Några av de här breven måste skrivas idag.

They ought to write to us to-day.

De borde skriva till oss idag.

I will send a telegram.

Jag vill avsända ett telegram.

In that case we shall get the letter tomorrow.

I så fall får vi brevet imorgon.

Have you to-day's paper?

Har ni dagens tidning?

Which paper is the best, do you think?

Vilken tidning tycker ni bäst om?

I can read it fairly well now.

Jag kan läsa den ganska bra nu.

I read a little Swedish every day.

Jag läser litet svenska var dag.

It is very interesting.

Det är mycket intressant.

Do you understand what I say?

Förstår ni vad jag säger?

You speak very fast.

Ni talar mycket fort.

My friend speaks Swedish fluently.

Min vän talar svenska flytande.

He has lived in Sweden many years.

Han har bott i Sverige många år.

He has travelled all over the country.

Han har rest över hela landet.

COMMERCIAL PHRASES AND EXPRESSIONS.

In answer to your letter of the 16th inst.	Till svar på Edert brev av den 16de ds.[1]
I am in receipt of your letter of the 1st of March.	Jag har mottagit Edert brev av den 1 mars.
I beg to inform you.	Jag får härmed meddela Eder.
Please let me know.	Jag ber Eder godhetsfullt meddela mig.
Referring to your letter.	Åberopande Edert brev.
I have the pleasure to inform you.	Jag har härmed nöjet meddela Eder.
Some of the things are rather damaged.	En del av varorna är betydligt skadade.
Nearly all the goods suffered in transit.	Nästan alla varorna hade skadats under transporten.
Please send it to me by return of post.	Var vänlig sänd mig det omgående.
I hope to receive it by the 7th of next month.	Jag hoppas mottaga det den 7de[2] nästa månad.
I am greatly in need of the first three items on the list.	Jag är i stort behov av de tre första artiklarna på listan.
The delay in sending off the goods has caused me much inconvenience.	Uppskovet med att avsända varorna har förorsakat mig stort obehag.
In your letter you promised us a discount of 5 per cent.	Ni utlovade oss i Edert brev 5%[3] rabatt.
You have only taken off 2½ per cent.	Ni har endast avräknat 2½%[4] rabatt.
Your consignment arrived yesterday.	Eder konsignation anlände igår.

1 = sextonde dennes; 2 = sjunde; 3 = fem procent; 4 två och en halv procent.

Our prices are strictly net. — Våra priser är strängt netto.

I will send you a cheque as soon as I receive the goods. — Så snart varorna emottagits skall jag tillsända Eder en check.

We shall be much obliged to you. — Vi skulle vara Eder mycket förbundna.

Please let me know your lowest terms for cash. — Godhetsfullt meddela mig Edra lägsta priser mot kontant.

Kindly send us your price-list, conditions, etc. — Hav godheten sänd oss Eder priskurant, betalningsvillkor o.s.v. (= och så vidare).

How much will the duty amount to? — Hur mycket kommer tullen att belöpa sig till?

How much will the packing and the carriage come to? — Hur mycket kommer emballage och transport att belöpa sig till?

Send it—
   by book post—
   by parcel post—
   in a registered letter.
— Godhetsfullt sänd det—
   som trycksaker—
   pr. paketpost—
   i rekommenderat brev.

The bill is payable at sight. — Växeln är betalbar vid uppvisandet.

Kindly send us a cheque for the amount due. — Godhetsfullt sänd oss en check för det förfallna beloppet.

At your earliest convenience. — Vid första tillfälle.

We cannot wait any longer. — Vi kan inte vänta längre.

I have several large accounts to meet next week. — Jag har flera stora utbetalningar nästa vecka.

The bill has been dishonoured. — Växeln är inte honorerad.

The firm has failed. — Firman har gjort konkurs.

What assets are there? — Vilka tillgångor finns?

The Bank rate is down. — Bankräntan har fallit.

There is an error in your account.	Eder räkning är felaktig.
This has already been paid.	Det här är redan betalt.
Your account is overdue.	Edert konto är förfallet.
Give me a receipt.	Ge mig ett kvitto.
I have applied to you several times for a settlement.	Jag har flera gånger anhållit om uppgörelse.
To execute an order.	Att utföra en order.
To cancel an order.	Att annullera en order.
To discount a bill.	Att diskontera en växel.
I have a letter of recommendation.	Jag har ett rekommendationsbrev.
We require references.	Vi önskar referenser.
When can you deliver the goods?	När kan ni leverera varorna?
The samples are delayed.	Proverna är försenade.
The goods are not up to sample.	Varorna är inte i överensstämmelse med proverna.
Will you accept a bill?	Vill ni acceptera en växel?
Give me your estimate.	Ge mig Edert förslag.
Quote me a price.	Uppge ett pris.
Carriage forward.	Frakten betalas vid framkomsten.
Send the goods by fast train.	Sänd varorna med expresståg.
What is the weight?	Vad är vikten?
It is short weight.	Det är knapp vikt.
Your luggage is liable to duty.	Det är tull på Edert bagage.
Can I insure the goods?	Kan jag försäkra varorna?
We think it right to inform you at once.	Vi anser att vi bör underrätta Eder genast.
Herewith we send you samples.	Härmed sänder vi Eder prover.
Your instructions shall have our best attention.	Edra instruktioner skall noga efterföljas.
Will you kindly reply by air-mail.	Var vänlig svara med luftpost.

No invoice was sent with the goods.

Faktura medföljde icke varorna.

Almost all the boxes were broken.

Nästan alla lådorna var sönderslagna.

The contents were damaged by water.

Varorna var vattenskadade.

The goods were carefully packed.

Varorna var omsorgsfullt packade.

We charge two per cent to cover the cost of packing.

Vi debiterar två procent för emballage.

The terms quoted do not include carriage.

Transport är inte inberäknad i uppgivna priser.

The firm has been established many years.

Firman grundlades för många år sedan.

This is only a trial order.

Detta är endast en provorder.

I shall give you a larger order afterwards.

Jag skall ge Eder en större order längre fram.

There is no demand for this article.

Det är ingen efterfrågan på denna vara.

I am the sole agent here.

Jag är ensamförsäljare här.

I have been appointed agent for the sale of this article.

Jag har blivit agent för denna vara.

We are willing to open a monthly account.

Vi är villiga öppna kredit per månad.

The bill of lading has not yet come to hand.

Konnossementen är ännu icke emottagna.

In accordance with your request.

I enlighet med Eder önskan.

Awaiting a favourable reply.

I avvaktan på ett gynnsamt svar.

Trusting to receive a favourable answer.

Under förhoppning om ett fördelaktigt svar.

Assuring you of our attention at all times.

Vi försäkrar Eder att alltid göra vårt bästa vid utförandet av Edra order.